Étonnant
CORPS HUMAIN

Richard Walker

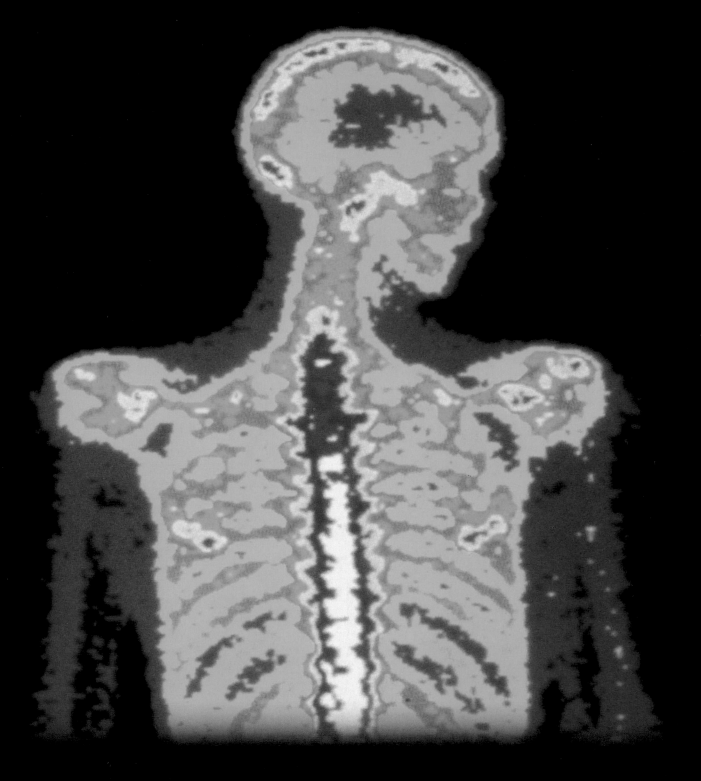

Dorling **DK** Kindersley

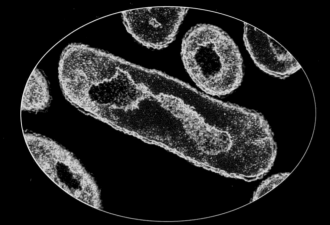

Conception éditoriale Kitty Blount
Conception artistique Joanne Connor
Équipe éditoriale Lucy Hurst, Fran Jones, Jayne Parsons
Équipe artistique Marcus James, Jacquie Gulliver
Conception Photoshop Robin Hunter
Conception PAO Almudena Díaz
Recherche iconographique Samantha Nunn
Couverture Dean Price
Production Kate Oliver

Réalisation de l'édition française Agence Juliette Blanchot
Traduction Ariane Bataille
Maquette Béatrice Lereclus

Traduction de: Guide to the human body
Édition originale publiée en Grande-Bretagne en 2001
par Dorling Kindersley Limited
9 Henrietta Street, Covent Garden, London WC2E 8PS

Copyright © 2001 Dorling Kindersley Limited
Copyright © 2001 Dorling Kindersley Limited pour
la traduction française
Copyright © 2001 Éditions Hurtubise HMH pour
l'édition en langue française au Canada

Dépôt légal: B.N. Québec 3e trimestre 2001
B.N. Canada 3e trimestre 2001

ISBN 2-89428-524-8

Éditions Hurtubise HMH ltée
1815, avenue De Lorimier
Montréal (Québec) Canada
H2K 3W6
Téléphone: (514) 523-1523 / Télécopieur: (514) 523-9969

Photogravure par Colourscan, Singapour

Imprimé et façonné en Italie
par Mondadori S.p.A. – Vérone

www.hurtubisehmh.com

SOMMAIRE

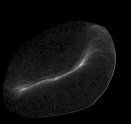

LE CORPS HUMAIN

B IEN QU'ILS SOIENT TOUS DIFFÉRENTS, les êtres humains sont composés des mêmes éléments. Le corps humain est un assemblage de milliards de cellules. Celles qui accomplissent des tâches identiques s'unissent en tissu pour faire leur travail. Il existe quatre types de tissus principaux. Le tissu épithélial forme la peau et les structures creuses comme la bouche. Le tissu conjonctif soutient le corps, comme les os et les graisses. Le tissu nerveux transmet les signaux électriques. Le tissu musculaire fait bouger le corps. Les tissus s'allient pour former les organes, regroupés en systèmes ou appareils – pileux, osseux, musculaire, nerveux, hormonal, circulatoire, immunitaire, respiratoire, digestif, urinaire et reproducteur. À eux tous, ils forment le corps humain.

C'est grâce au cerveau, centre de contrôle du système nerveux, que l'on peut penser, sentir et bouger.

Le corps est constitué de milliards de cellules. Chaque minute, 3 milliards de cellules usées sont remplacées.

Rein

La colonne vertébrale est l'axe principal du squelette.

Division de la cellule en deux pendant la mitose

LA DIVISION DES CELLULES

Sans elle, la croissance serait impossible. Toute vie humaine débute par une cellule unique qui se divise en deux cellules identiques dont la division en chaîne permet la création des milliards de cellules du corps. Ce processus, appelé mitose, se poursuit au-delà de la période de croissance pour remplacer les vieilles cellules usées.

LE SANG

Chaque tissu du corps est constitué d'un groupe de cellules similaires travaillant ensemble. Ces cellules produisent une matière intercellulaire qui les unit. Élastique dans le cartilage, dure dans les os, celle-ci prend dans le sang une forme fluide : le plasma. Ce liquide, où flottent des milliards de cellules, transporte des matières et combat les infections.

Le fémur, os de la cuisse, soutient le corps pendant la marche et la course.

Les globules blancs luttent contre les infections.

Les globules rouges transportent l'oxygène.

LES ORGANES PRINCIPAUX

Grâce à la technologie moderne, d'étonnants procédés – scanner, IRM – permettent de « découper » le corps humain pour permettre aux médecins d'en « voir » l'intérieur. Sur cette image, on voit bien les os longs du squelette, les principaux muscles, ainsi que les principaux organes de plusieurs systèmes ou appareils du corps : le cerveau (système nerveux), les poumons (appareil respiratoire), le foie (système digestif), les reins et la vessie (appareil urinaire).

Les pieds supportent le poids du corps et l'aident à garder son équilibre.

CORPS FÉMININ

La langue est munie de capteurs de goût. Dans la tête, d'autres capteurs détectent le son, la lumière et les odeurs.

Le foie analyse le sang pour vérifier que sa composition ne change pas.

Les muscles se contractent pour tirer les os et faire bouger le corps.

Les poumons gardent l'oxygène de l'air pour le transférer dans le sang.

La vessie stocke l'urine avant qu'elle soit évacuée du corps.

L'articulation du genou entre le fémur et le tibia permet à la jambe de se plier.

Les muscles se contractent pour tirer les os et faire bouger le corps.

LES LIENS DE TRANSMISSION

Parmi les milliards de cellules nerveuses (les neurones) du cerveau, certaines sont chargées de transporter à toute vitesse des signaux électriques d'un bout à l'autre du système nerveux, un vaste réseau de communication. Le cerveau reçoit des informations en provenance des capteurs, et renvoie aussitôt ses instructions aux muscles et aux glandes. Il contrôle ainsi les mouvements et le fonctionnement du corps.

Cellule graisseuse soutenue par un réseau de fibres

UNE RÉSERVE DE GRAISSE

Sous la peau se trouve une couche de graisse : le tissu adipeux. Chacune de ses cellules (orange) est remplie d'une goutte d'huile. Toute graisse mangée mais non utilisée par le corps est stockée dans ce tissu, tout comme les graisses fabriquées par l'organisme. La graisse étant très riche, cette couche est une réserve d'énergie vitale pour le corps. Elle l'aide aussi à conserver sa chaleur, et protège certains organes contre les coups et les chocs.

Vue au microscope de couches de matrice d'os prélevées sur le fémur

LA CHARPENTE DU CORPS

Le squelette soutient le corps. Il lui permet de faire des mouvements dès que les muscles tirent sur les os et il protège les organes internes. Les os du squelette doivent leur solidité à une matière que l'on appelle la matrice et qui est composée de sels minéraux et de collagène dur. Parmi les autres éléments du système osseux, il y a les ligaments, qui relient les os entre eux, et les cartilages élastiques, qui recouvrent les extrémités des os, et forment aussi la charpente du nez et des oreilles.

PEAU, POILS ET ONGLES

LE CORPS POSSÈDE SON PROPRE MANTEAU VIVANT, la peau, une barrière imperméable barrant la route aux bactéries. Si elle est exposée aux rayons ultraviolets du soleil, un pigment brun, la mélanine, la colore et la protège ainsi des rayons nocifs. Des millions de capteurs détectent les sensations les plus diverses : contact d'une fourrure, pression d'un poids, douleur d'une piqûre, chaleur d'une flamme, froid d'un glaçon, etc. Les poils et les ongles sont des prolongements de la peau. Des millions de poils recouvrent presque tout le corps. Les plus épais, les cheveux, poussent sur la tête qu'ils protègent du soleil et du froid. Les autres, plus fins, ne jouent pas ce rôle de protection : les vêtements sont plus efficaces. La peau, les poils et les ongles doivent leur solidité à une protéine, la kératine.

Dessin des stries laissé par la sueur

LES EMPREINTES

Chaque fois que l'on touche un objet, surtout un objet dur en verre ou en métal, on laisse des empreintes digitales. Celles-ci sont les traces huileuses des stries très fines de la peau du bout des doigts. Ces stries, et la sueur qui s'en dégage, aident le doigt à saisir les choses. Avec ses volutes et ses boucles, chaque empreinte digitale est unique.

L'ongle paraît rose à cause du sang qui circule dessous.

VUE AU MICROSCOPE DES CELLULES MORTES DE LA SURFACE DE L'ONGLE

DES ONGLES DURS

Ces plaques dures recouvrent et protègent l'extrémité des doigts et des orteils. Les cellules vivantes de leur racine se divisent sans arrêt, repoussant ainsi l'ongle en avant. Au fur et à mesure que les cellules avancent vers le bout du doigt, elles se remplissent de kératine et meurent. Les ongles poussent environ de 5 millimètres par mois, et plus vite en été qu'en hiver. Les ongles permettent aussi de prendre des petits objets plus facilement.

Les cellules plates de l'épiderme protègent le derme qui est dessous.

Les cellules de cette couche se divisent constamment et remplacent celles de la surface, qui sont usées.

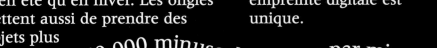

La peau perd environ 50 000 minuscules écailles par minute.

COUCHES PROTECTRICES

Sur moins de 2 millimètres d'épaisseur, la peau se compose de deux couches que l'on voit bien sur cette coupe. La couche externe (rose et rouge) est l'épiderme. Il est constitué de cellules mortes, plates, enchevêtrées, résistantes et imperméables, constamment détruites puis remplacées par des cellules vivantes (rouge). En dessous, le derme renferme les capteurs, les nerfs, les vaisseaux sanguins, les glandes qui sécrètent la sueur et les racines des poils.

Le derme contient les capteurs de contact, de douleur, de froid, de chaud, de pression.

Les gouttes de sueur font briller la peau du coureur.

Un rasage de près

Non, ce ne sont pas des souches d'arbres mais des poils de barbe sur la joue d'un homme. Ils ont repoussé après avoir été rasés et piquent comme du chaume. La barbe, de même que les cheveux, peut atteindre 90 centimètres de long si on ne la coupe pas. Les poils tombent naturellement. On perd chaque jour environ 80 cheveux remplacés aussitôt par d'autres.

La pousse d'un poil

Les poils sont des tubes de kératine poussant dans de petites cavités de la peau, les follicules. Ce gros cheveu (en bas, à gauche) vient de surgir de l'un des 100 000 follicules de la tête. Il est droit car le follicule a une ouverture ronde. Si cette ouverture était ovale, il serait frisé. À droite, les deux cheveux fins sont plus vieux et couverts de cellules plates qui se chevauchent comme les tuiles d'un toit. Cela empêche les cheveux de s'emmêler.

Les différents types de mélanine produisent des poils de couleurs différentes.

Couper les cheveux est indolore car ils sont faits de cellules mortes.

Un thermostat naturel

La transpiration permet au corps de conserver une température normale de 37 °C, même s'il fait très chaud. Une activité physique intense, comme la course, élève la température du corps parce que l'effort produit par les muscles dégage de la chaleur. Mais une température trop élevée est mauvaise pour le corps. Aussi, aux premiers signes de surchauffe, environ 3 millions de minuscules glandes sécrètent une sueur salée sur toute la surface de la peau. En s'évaporant, la sueur évacue la chaleur et rafraîchit le corps.

LE SQUELETTE

SANS LE SQUELETTE, le corps tomberait comme une masse. Le squelette est résistant mais étonnamment léger puisqu'il ne représente que le sixième du poids chez l'adulte. Il a plusieurs fonctions. Sa structure d'os durs, de cartilages élastiques et de ligaments solides supporte le corps, lui donne sa forme et protège ses organes internes ; il sert également de point d'attache aux muscles qui nous font bouger. On le divise souvent en deux parties jouant chacune leur rôle. Le squelette axial – crâne, colonne vertébrale, côtes, sternum – est l'armature principale qui supporte le corps et protège le cerveau, les yeux, le cœur, les poumons. Le squelette appendiculaire comprend les bras et les jambes – moteurs du corps – rattachés au squelette axial par les épaules et les hanches.

DES MAINS AGILES

Jouer avec la souris d'un ordinateur est une tâche facile pour la main, partie la plus souple et la plus habile du corps. Cette souplesse est assurée par les 27 os du poignet, de la paume et des doigts que l'on voit ci-dessus sur la radiographie aux rayons X. Ils permettent à la main d'accomplir toutes sortes de mouvements, avec l'aide des quelque 30 muscles situés, pour la plupart, dans l'avant-bras.

La main saisit et manipule la souris de l'ordinateur.

UNE CHARPENTE ÉLASTIQUE

Si les os étaient soudés les uns aux autres, le corps serait parfaitement soutenu mais incapable de bouger. Heureusement, la plupart d'entre eux sont reliés les uns aux autres par des articulations mobiles rendant le squelette flexible. Un mouvement (à droite) peut faire intervenir à la fois plusieurs os ainsi que les articulations des pieds, des jambes, du dos, des bras, des mains et du cou.

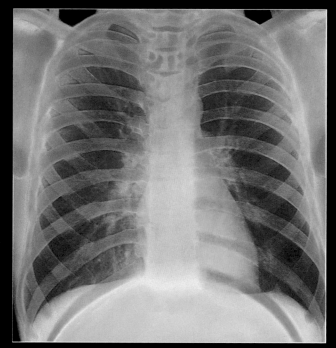

RADIOGRAPHIE DU TORSE D'UN ENFANT DE 11 ANS

UNE CAGE PROTECTRICE

Douze paires de côtes partent en courbe depuis la colonne vertébrale : dix d'entre elles sont reliées au sternum par des cartilages élastiques et souples, les deux dernières paires sont libres. Colonne vertébrale, côtes et sternum forment ensemble une cage osseuse protégeant les délicats organes de la poitrine et de la partie supérieure de l'abdomen. Sur la radiographie (à gauche), on voit nettement les poumons (bleu foncé), le cœur (jaune) et la cage thoracique (bandes roses).

COUDE

Le coude se plie pour équilibrer le corps.

MOUVEMENTS D'UN DÉPART DE COURSE

Les os du pied prennent appui sur le sol pour propulser le corps en avant.

8

LE SQUELETTE VISIBLE

Avant, seuls les rayons X permettaient de voir le squelette de quelqu'un. Depuis peu, on a trouvé d'autres moyens, comme la scintigraphie (à gauche). Ce procédé consiste à faire absorber au patient une substance radioactive rapidement assimilée par les os. On repère alors la radiation qu'ils émettent. Bien qu'elle ne soit pas aussi claire que les radios aux rayons X, l'image fournit des informations supplémentaires sur l'activité cellulaire des os ainsi que sur leurs blessures ou maladies éventuelles.

Fontanelle sur un crâne de bébé

CRÂNE

CRÂNE DE BÉBÉ

Le crâne est constitué de plusieurs os soudés ensemble pour former une structure d'une seule pièce. Mais chez les nouveau-nés, ces os sont séparés par des espaces membraneux qu'on appelle les fontanelles. Les fontanelles donnent de l'élasticité au crâne et permettent ainsi à la tête du bébé de se comprimer légèrement au moment de la naissance. Elles s'ossifient ensuite progressivement jusqu'à l'âge de 18 mois.

Un nouveau-né a environ 350 os, mais l'adulte n'en a plus que 206 car certains se sont soudés au cours de la croissance.

CÔTES

COLONNE VERTÉBRALE

Disques de cartilage séparant les vertèbres

PARTIE DE LA COLONNE VERTÉBRALE

BASSIN

LE CARTILAGE

Les disques séparant les vertèbres ne sont qu'un exemple de cartilage du squelette. Il existe trois types de ce tissu élastique et résistant. Le cartilage fibreux des disques rend la colonne vertébrale flexible et absorbe les chocs pendant la course. Le cartilage lisse et transparent recouvre les extrémités des os aux articulations et forme la partie courbe du nez. Le cartilage élastique constitue la structure légère du pavillon de l'oreille.

LES OS

FÉMUR (OS DE LA CUISSE)
PARTIELLEMENT OUVERT

SECS ET SANS VIE, à l'image des restes d'un individu mort depuis longtemps, voilà l'idée que l'on se fait le plus souvent des os. Mais chez les êtres vivants, les os sont humides, alimentés par des vaisseaux sanguins, des nerfs, et contiennent des cellules vivantes. Ils se reforment et se reconstruisent constamment, et peuvent se réparer tout seuls s'ils sont abîmés. Le tissu osseux, appelé matrice, est principalement composé de sels minéraux et de collagène. Les sels minéraux, en particulier le phosphate de calcium, lui assurent sa dureté. Le collagène, qui est une protéine, lui donne son élasticité, sa solidité et la capacité de résister à la torsion et à l'extension. Des cellules éparpillées dans le tissu osseux le nourrissent. Le tissu osseux est compact, dense et lourd dans la couche extérieure de l'os. Dans la couche intérieure, il est alvéolé, spongieux et léger. Ces deux aspects réunis donnent des os solides et pas trop lourds. Le tissu spongieux de l'os contient une substance molle et grasse : la moelle osseuse. Celle qui est jaune stocke la graisse tandis que celle qui est rouge (ou sanguine) fabrique les globules.

La structure alvéolée des os les rend très solides.

L'INTÉRIEUR DE L'OS
Un os se compose de deux couches différentes : dense et compacte à l'extérieur, alvéolée et spongieuse à l'intérieur. Dans un os long, comme ce fémur, la couche compacte est plus épaisse sur la partie allongée tandis que les têtes ont beaucoup plus de matière spongieuse. Dans un fémur vivant, la partie creuse est remplie de moelle.

À poids égal, un os est cinq fois plus résistant que l'acier.

Main gantée de chirurgien tenant des fragments de nacre d'une huître géante.

L'OS SPONGIEUX
La vue au microscope ci-dessus montre que l'os spongieux a une structure alvéolée composée de cavités qu'enjambent des lamelles. Ces sortes de ponts lui donnent de la légèreté, tandis que leur disposition lui permet d'opposer une résistance maximale à la pression et à la tension. L'os spongieux combine ainsi légèreté et solidité.

SOS RÉPARATION
Normalement, les os se réparent tout seuls. Mais s'ils sont brisés en éclats dans un accident ou très abîmés par une maladie, ils peuvent avoir besoin d'aide. La nacre, cette substance irisée de l'intérieur des coquilles d'huîtres, stimule la réparation de l'os. Mélangée à du sang ou à de l'os, puis moulée, elle est ensuite implantée dans le corps. Très vite, les cellules osseuses déposent de la matrice dans cet implant, et l'os se reconstruit, aussi solide qu'avant.

LES CELLULES OSSEUSES
Les ostéocytes sont les cellules osseuses qui conservent l'os en bonne santé. Cette coupe de tissu osseux (bleu) vue au microscope montre un ostéocyte (vert). Ces cellules sont reliées entre elles par de minuscules filaments (rose). Il existe en outre deux autres types de cellules contribuant à renouveler sans cesse la structure osseuse : les ostéoclastes, qui détruisent le tissu osseux, et les ostéoblastes, qui le reconstruisent.

L'OS COMPACT

Plus dense que l'os spongieux, l'os compact est un ensemble de tubes microscopiques, appelés les ostéons, composés eux-mêmes de tubes disposés en couches. Au centre de ces couches rangées les unes à l'intérieur des autres, un canal conduit les vaisseaux sanguins qui alimentent les cellules osseuses. Cet arrangement de tubes donne à l'os compact sa grande résistance.

L'os compact est la matière la plus dure du corps... après l'émail des dents.

RACCOMMODAGE DES OS

Malgré leur solidité, les os peuvent se briser s'ils sont soumis à une pression extrême. Cette radiographie montre une fracture des os de la jambe – tibia et péroné (plus mince). Les os cassés se réparent seuls si les cellules osseuses des deux parties se touchent. Une intervention chirurgicale peut être parfois nécessaire. Ici, des broches de métal ont été enfoncées de part et d'autre de la fracture.

Globule rouge nouvellement créé

Globule blanc immature

Vaisseaux sanguins au centre d'un ostéon

Dans le tissu osseux, les ostéocytes sont enfermés dans des espaces que l'on appelle des lacunes (jaune).

LA MOELLE DES OS

Les os fabriquent les globules dans la moelle rouge (à droite) : les rouges transportent l'oxygène, et les blancs détruisent les microbes. La moelle rouge est une matière gélatineuse qui se trouve dans la colonne vertébrale, le sternum, les clavicules, le crâne, les têtes du fémur et de l'humérus. Elle fabrique des millions de globules par seconde, correspondant exactement au nombre de cellules usées détruites.

LES ARTICULATIONS

ALORS QUE LES OS FORMENT LA CHARPENTE du squelette et que les muscles lui apportent la puissance nécessaire pour bouger, les articulations lui donnent sa souplesse et permettent le mouvement. Elles se situent partout où deux, voire plusieurs, os se rencontrent. Il suffit d'essayer de manger sans plier le coude ou de courir sans plier les genoux pour se rendre compte de leur utilité. On distingue trois grands types d'articulations : mobile, semi-mobile et immobile. Chacune permet de faire une série de mouvements déterminés par la forme de la tête des os et la façon dont les os se rejoignent dans l'articulation. Les articulations mobiles, comme celle du fémur, permettent de nombreux mouvements. Les articulations semi-mobiles, comme celles de la colonne vertébrale, n'en autorisent que de petits. Les articulations immobiles, comme celles du crâne, n'en autorisent aucun.

Articulation sphérique (mobile)

Fémur, ou os de la cuisse

Articulation charnière (semi-mobile) du genou entre le fémur et le tibia

Les contorsionnistes ont des ligaments extrêmement lâches.

CRÂNE D'ADULTE

La boîte crânienne est composée de plusieurs os.

Maxillaire (os facial)

Mandibule, ou maxillaire inférieur (os facial)

LES OS DU CRÂNE

Articulation à glissement (semi-mobile) des os tarsiens

Un ligament rattache la rotule au tibia.

DES LIENS SOLIDES

Sans ligaments, les articulations seraient très instables. Ces liens solides faits de tissu fibreux retiennent les os à l'endroit où ils se rencontrent. Dans le genou (à droite), des ligaments internes et externes raffermissent l'articulation lorsqu'elle se plie, et empêchent les os de bouger latéralement. Parfois, l'articulation se « déboîte » sous l'effet d'une violente torsion et les ligaments se déchirent.

ARTICULATION DU GENOU

UN CRÂNE DUR

Le crâne est très résistant. Il protège et maintient le cerveau, abrite les yeux et les autres organes sensitifs, et forme la charpente du visage. Des articulations immobiles, appelées sutures, lui assurent sa solidité en liant 21 des 22 os du crâne comme des pièces de puzzle. Seule la mâchoire inférieure bouge librement pour permettre la parole, la mastication et la respiration.

ARTICULATION À GLISSEMENT (PIED)

DES JAMBES MOBILES

Cette série d'images montre la façon dont les différentes articulations agissent pour que la jambe se lève. La tête arrondie du fémur s'emboîte dans la cavité concave du bassin (le cotyle) et forme une articulation sphérique mobile permettant un mouvement vers le haut et vers l'extérieur. L'articulation semi-mobile du genou ne permet qu'un mouvement d'avant en arrière : c'est une articulation charnière. On retrouve ce type d'articulation à la cheville, où le pied peut être relevé ou abaissé. L'articulation des os de la cheville permet des mouvements courts et rend le pied à la fois souple et solide.

Bassin

**ARTICULATION
SPHÉRIQUE
(HANCHE)**

Tibia

Articulation
charnière

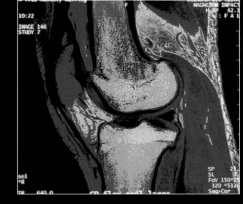

L'INTÉRIEUR DU GENOU

Cette image au scanner montre
l'intérieur du genou, l'une des
articulations les plus mobiles du
corps. Le fémur (en haut) y rencontre
le tibia (en bas). Les têtes des os (bleu),
recouvertes d'un cartilage lisse, sont
séparées par un espace rempli d'un liquide.
Celui-ci rend les cartilages glissants et leur
permet de bouger facilement l'un sur l'autre
lorsque l'articulation est en mouvement.

**ARTICULATION
CHARNIÈRE (GENOU,
CHEVILLE, ORTEILS)**

*Les articulations
entre les vertèbres
autorisent des
mouvements limités.*

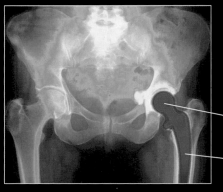

*« Boule »
métallique*

*Tige enfoncée
dans la partie
coupée du fémur*

CHANGEMENT DE HANCHE

Si l'articulation de la hanche est endommagée,
la marche devient difficile et douloureuse.
Heureusement, les chirurgiens peuvent remplacer
la partie abîmée du fémur par une « boule » de métal
et une longue tige (visibles sur la radio ci-dessus),
et doubler de plastique le cotyle. Cette opération doit
permettre au patient de remarcher normalement.

*Le stretching peut
aider à garder
des articulations
souples.*

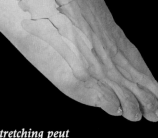

UNE COLONNE FLEXIBLE

La colonne vertébrale se compose d'une série de 24 os de forme irrégulière,
les vertèbres, entre lesquelles un disque de cartilage sert d'articulation.
Chacun ne permet qu'un mouvement limité, mais ensemble ces disques
donnent à la colonne vertébrale une certaine flexibilité : elle peut se
courber sur le côté, d'avant en arrière, et se tordre. Elle est également
très résistante. C'est grâce aux muscles et aux ligaments qui
la renforcent et la stabilisent qu'elle se tient droite.

LES MUSCLES

TOUS LES MOUVEMENTS DU CORPS, qu'il s'agisse de courir après un bus ou de comprimer sa vessie pour uriner, dépendent des muscles. Les muscles sont faits de cellules qui n'ont qu'un pouvoir : celui de se contracter. Cette contraction est déclenchée par l'arrivée d'impulsions nerveuses en provenance du cerveau ou de la moelle épinière. On distingue trois types de muscles dans le corps : les muscles striés, volontaires, rattachés aux os par les tendons ; les muscles lisses, viscéraux, que l'on trouve sur la paroi d'organes internes comme l'intestin grêle, la vessie, les vaisseaux sanguins ; et le muscle cardiaque, ou myocarde, que l'on ne trouve que sur la paroi du cœur, où il se contracte inlassablement tout au long de la vie pour pomper le sang et l'envoyer à travers le corps. Il se contracte automatiquement, mais des impulsions nerveuses venant du cerveau peuvent l'accélérer ou le ralentir suivant les besoins du corps.

Le sterno-cléido-mastoïdien tire la tête en avant ou la tourne.

Le grand pectoral tire le bras en avant et vers le corps.

LES MOTEURS DU CORPS

Les muscles constituent à peu près 40 % de la masse du corps, et lui donnent sa forme en recouvrant le squelette. Ils se présentent en couches, surtout sur le tronc, ou torse. Les muscles superficiels, situés juste sous la peau, recouvrent une ou plusieurs couches plus profondes de muscles. Certains muscles sont allongés, d'autres bombés, d'autres encore très larges et très plats. De nombreux muscles striés portent des noms latins qui se rapportent à leur forme, leur emplacement ou le mouvement qu'ils produisent.

Le jambier antérieur soulève le pied pendant la marche.

Le quadriceps est un groupe de quatre muscles qui redresse le genou.

LES PRINCIPAUX MUSCLES STRIÉS VISIBLES DE FACE

Le biceps se contracte pour plier le bras.

Le triceps se contracte pour tendre le bras.

TRAVAIL EN DUO

Chaque muscle isolé ne peut faire bouger que dans une seule direction les os auxquels il est rattaché. Pour effectuer un mouvement contraire, il faut l'aide d'un autre muscle, à l'action opposée. Cela explique pourquoi les muscles sont en général disposés par paires, un de chaque côté de l'articulation ; on les appelle des muscles antagonistes. Cette disposition est très visible sur le bras où le biceps, situé sur la face antérieure, tire les os de l'avant-bras vers le haut pour plier le coude, tandis que son antagoniste, le triceps, tire les os de l'avant-bras vers le bas pour le déplier.

MUSCLES LEVANT ET ABAISSANT L'AVANT-BRAS

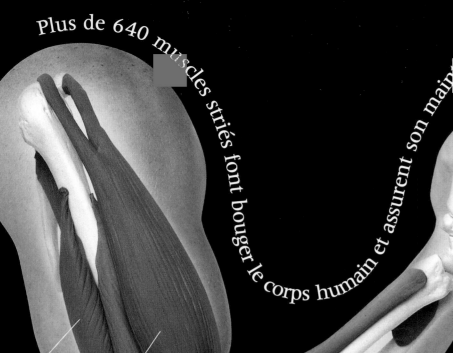

Plus de 640 muscles striés font bouger le corps humain et assurent son maintien.

Le triceps est relâché et allongé.

Le biceps est contracté.

Le long supinateur aide le biceps à plier le bras en tirant les os de l'avant-bras vers le haut.

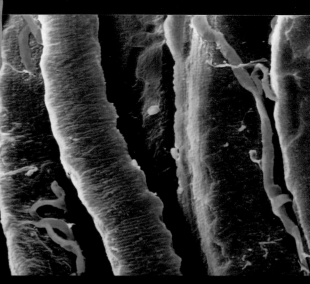

FIBRES D'UN MUSCLE STRIÉ

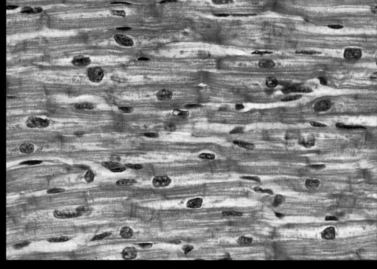

FIBRES D'UN MUSCLE LISSE

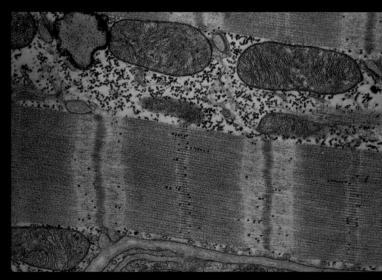

FIBRES DU MUSCLE CARDIAQUE

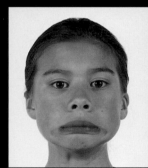
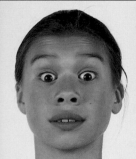

GRIMACES

Si le langage varie d'un pays à l'autre, les expressions du visage, elles, ont souvent la même signification. Dégoût, surprise, bonheur font partie des émotions communiquées par la forme des yeux, du nez, des lèvres et autres parties du visage. Les expressions faciales sont produites par la trentaine de muscles du visage et du cou. À la différence de la plupart des muscles striés, ceux-ci agissent sur la peau au lieu d'agir sur les os.

SOURCE DE CHALEUR

Sur cette thermographie, les couleurs claires indiquent les endroits du corps par où s'évacue la plus grande quantité de chaleur pendant un exercice physique. Les muscles utilisent un glucose riche en énergie pour se contracter, et dégagent une chaleur que le sang répartit dans le corps pour le maintenir à 37 °C. Plus ils travaillent, plus ils dégagent de chaleur. Si cette chaleur est excessive, elle est évacuée vers la peau par la sueur.

LES FIBRES MUSCULAIRES

Les muscles sont composés de cellules qu'on appelle des fibres. Leur forme et leur taille varient suivant les types de muscles. Les fibres cylindriques des muscles striés (en haut) peuvent atteindre 30 centimètres de long. Les fibres courtes effilées des muscles lisses (au centre) se contractent lentement pour, par exemple, pousser les aliments le long de l'appareil digestif. Les fibres ramifiées du muscle cardiaque (en bas), propres au cœur, se contractent environ 100 000 fois par jour, sans fatigue et automatiquement.

LE CERVEAU

S E SOUVENIR D'UN VISAGE, SENTIR LA DOULEUR, résoudre une énigme ou se mettre en colère, tout cela est possible grâce à l'encéphale, le centre de contrôle du système nerveux et du corps. Aussi mou qu'un œuf mollet, rose et fripé, l'encéphale est abrité par le crâne. S'il ne représente que 2 % du poids du corps, il consomme 20 % de son énergie, ce qui donne une idée de son importance. Sa partie principale, le cerveau, est le siège de la conscience, de la pensée et de la personnalité. Les zones sensorielles du cortex, couche externe du cerveau, reçoivent les données en provenance de capteurs, comme l'œil ; ses zones moteurs envoient des instructions aux muscles et aux organes ; ses zones d'association analysent et stockent les messages qui rendent possibles la pensée, la compréhension et le souvenir. Les deux autres régions majeures de l'encéphale sont le cervelet, qui contrôle l'équilibre et coordonne le mouvement, et le tronc cérébral, qui régule les fonctions vitales.

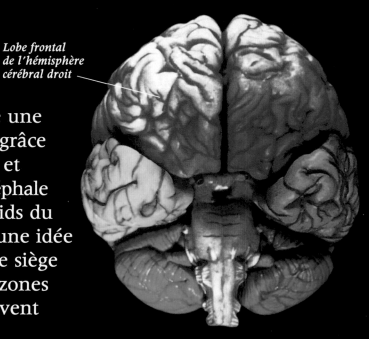

Lobe frontal de l'hémisphère cérébral droit

L'ENCÉPHALE

Cette vue de face de l'encéphale met en évidence ses trois parties principales : la plus grande, le cerveau, comprend les deux hémisphères droit et gauche (rose foncé et jaune) ; le cervelet (vert), situé à l'arrière du cerveau, comprend lui aussi deux zones, appelées lobes ; le tronc cérébral (rose pâle), quant à lui, relie le cerveau à la moelle épinière.

Ondes alpha produites en état de veille mais au repos

Ondes bêta produites en état d'activité et de concentration

Ondes delta produites pendant le sommeil profond

LES ONDES CÉRÉBRALES

Chaque seconde, des millions d'impulsions nerveuses fusent le long des neurones du cerveau. Ces petits courants électriques produits par le flot incessant des messages peuvent être enregistrés par un appareil qui trace le diagramme des ondes cérébrales. Celles-ci évoluent en fonction de notre activité : les ondes alpha se manifestent lorsqu'on est éveillé mais au repos ; les ondes bêta, lorsqu'on est actif ; les ondes delta, pendant le sommeil. Ce diagramme (l'encéphalogramme) permet aux médecins de vérifier le bon état du cerveau.

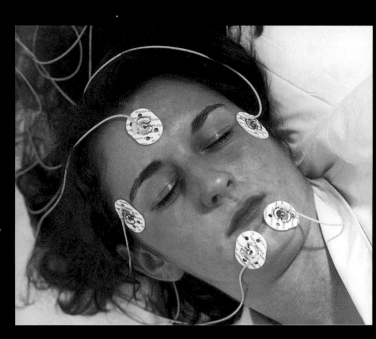

LE SOMMEIL

Les plaques de métal posées sur la tête de cette femme endormie sont des électrodes. Elles transmettent des signaux électriques à un appareil qui enregistre l'évolution de l'activité cérébrale. Au cours de la première phase du sommeil, ou sommeil profond, l'activité cérébrale se ralentit. Elle augmente ensuite au cours de la phase du sommeil léger : les yeux bougent très vite, le dormeur rêve. Ce cycle – sommeil profond/sommeil léger – se répète plusieurs fois pendant la nuit. Le cerveau a ainsi le temps de se reposer, de se recharger, et d'évacuer tous les événements de la journée.

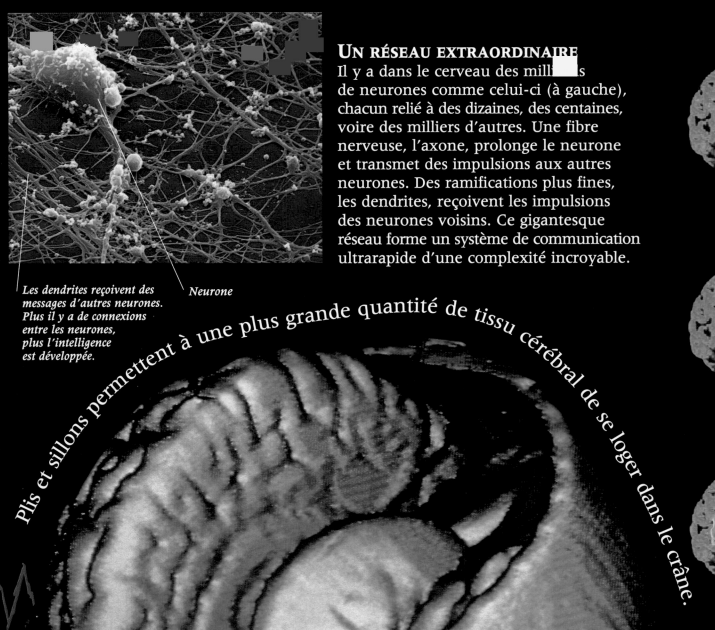

Les dendrites reçoivent des messages d'autres neurones. Plus il y a de connexions entre les neurones, plus l'intelligence est développée.

Neurone

Plis et sillons permettent à une plus grande quantité de tissu cérébral de se loger dans le crâne.

Surface interne de l'hémisphère droit

Thalamus et structures du système limbique

IMAGE AU SCANNER
MONTRANT LES RÉGIONS
INTERNES DU CERVEAU

UN RÉSEAU EXTRAORDINAIRE

Il y a dans le cerveau des milli﹣﹣s de neurones comme celui-ci (à gauche), chacun relié à des dizaines, des centaines, voire des milliers d'autres. Une fibre nerveuse, l'axone, prolonge le neurone et transmet des impulsions aux autres neurones. Des ramifications plus fines, les dendrites, reçoivent les impulsions des neurones voisins. Ce gigantesque réseau forme un système de communication ultrarapide d'une complexité incroyable.

AUDITION

PAROLE

PENSÉE
ET PAROLE

ZONES ACTIVES

Les différentes parties du cortex cérébral ont des tâches différentes. On le voit très bien ci-dessus, sur ces images au scanner. L'audition (en haut) active une zone qui reçoit et interprète les impulsions nerveuses en provenance des oreilles. La parole (au milieu) implique une zone située plus en avant qui renvoie des impulsions provoquant la production des sons. La pensée et la parole (en ba﹣﹣ctivent à la fois les zones impliquées dans l'audition, la parole, la pensée et la compréhension.

L'INTÉRIEUR DU CRÂNE

Ce procédé de radiographie de la tête d'une personne vivante a « supprimé » le haut du crâne et l'hémisphère gauche afin de montrer les profondeurs du cerveau. On aperçoit une masse de substance grise, le thalamus, qui sert de relais entre les capteurs du corps et le cerveau pour faire passer les messages dans les deux sens. Cette masse est entourée d'une sorte d'anneau, ﹣﹣stème limbique, responsable d'émotions telles que la colère, la peur, l'espoir, et chargé de contrôler nos comportements.

NERFS ET NEURONES

LA PENSÉE, LES GESTES ET LES MOUVEMENTS internes du corps sont contrôlés par le système nerveux. Il se divise en deux : le système nerveux central et le système nerveux périphérique. Le premier englobe l'encéphale et la moelle épinière. Grâce à ses milliards de cellules nerveuses reliées entre elles, les neurones, il analyse les informations transmises par le corps, les stocke, et envoie ses instructions au moyen d'un réseau s'étendant à toutes les parties du corps. Ce réseau, le système nerveux périphérique, est constitué de fibres nerveuses regroupées en longs câbles, les nerfs. Ceux-ci transportent à toute vitesse des signaux électriques, les impulsions nerveuses. On distingue trois types de nerfs : sensitifs (ils apportent les messages des capteurs), moteurs (ils ordonnent aux muscles de se contracter) et végétatifs (ils transmettent les ordres aux glandes et aux organes).

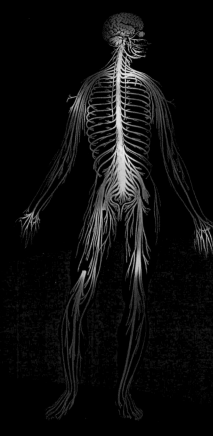

LE SYSTÈME NERVEUX

UN RÉSEAU DE FIBRES

Les neurones se distinguent des autres cellules du corps. D'une part, ils sont adaptés au transport des signaux électriques, et d'autre part, ils sont souvent très longs. Alors que le corps des neurones se trouve dans le système nerveux central, ses prolongements, ou axones, peuvent s'étendre très loin de lui – jusqu'à 1 mètre dans certains cas. Le tissu fibreux qui réunit les axones en nerf les fait ressembler à un câble blanc et brillant. La plupart des nerfs sont mixtes, c'est-à-dire à la fois porteurs de neurones sensitifs et de neurones moteurs.

La racine ventrale conduit les neurones moteurs.

La substance grise contient une association de neurones combinant neurones moteurs et sensitifs.

Couche extérieure de substance blanche

Nerf rachidien

La racine dorsale conduit les neurones sensitifs.

PETIT TRONÇON DE MOELLE ÉPINIÈRE

UNE LIAISON SPÉCIALE

La moelle épinière est un câble de communication qui, à l'aide de 31 paires de nerfs rachidiens, relie les informations entre l'encéphale et le reste du corps. La racine dorsale de ces nerfs achemine les signaux du corps vers la substance grise de la moelle, tandis que leur racine ventrale transmet aux muscles les impulsions qui proviennent de celle-ci. La moelle épinière est entourée d'une substance blanche parcourue de neurones porteurs de messages pour le cerveau ou d'ordres émis par ce dernier.

Chaque fibre nerveuse est isolée par une gaine accélérant la transmission des impulsions.

Une impulsion nerveuse met 1/100ᵉ de seconde pour aller du pied à la moelle épinière.

UN NEURONE MOTEUR

Tous les neurones ont la même structure de base que ce neurone moteur. Le corps de la cellule contient un noyau (rouge) qui contrôle son activité. Les filaments ramifiés (les dendrites) répartis autour du corps de la cellule apportent des impulsions nerveuses en provenance des autres neurones. L'axone, ou fibre nerveuse, est le filament le plus gros : il transporte des impulsions vers les autres neurones.

Axone

Corps du neurone

Les dendrites acheminent les impulsions nerveuses vers le corps du neurone.

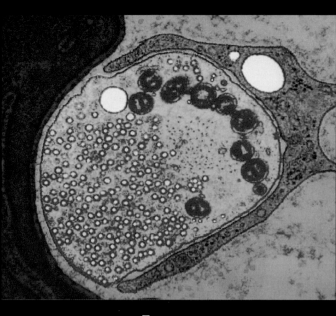

LIVRAISON DU MESSAGE

Les neurones ne se touchent pas mais sont séparés par un espace, la synapse. Il y a aussi une synapse au point de contact entre le neurone et la fibre musculaire (ci-dessus). Quand une impulsion nerveuse arrive au bout du neurone (bleu), cela provoque à l'intérieur de ce neurone une sécrétion de molécules appelées neurotransmetteurs qui traversent la synapse pour agir sur la fibre musculaire (rouge) ou sur un autre neurone.

LES RÉFLEXES

Dès que ce bébé entre dans l'eau, une réponse réflexe (ici, le réflexe de plongée) ferme ses poumons pour l'empêcher d'avaler de l'eau. Les réflexes sont des actions automatiques que l'on ne maîtrise pas. Alors que le réflexe de plongée disparaît au bout de quelques mois, certains persistent tout au long de la vie, comme le réflexe de retirer sa main d'une source de chaleur. Les réflexes de retrait sont très rapides car les impulsions nerveuses sont directement envoyées vers la moelle épinière sans passer par le cerveau.

Les fibres nerveuses sont parallèles.

LES YEUX

BIEN QU'IL JOUE UN RÔLE ESSENTIEL dans la vision, l'œil ne peut rien faire sans le cerveau à qui il fournit constamment des informations nouvelles sur le monde extérieur. Plus de 70 % des capteurs du corps se trouvent dans les yeux. Chaque fois que ces capteurs sont touchés par la lumière, ils réagissent immédiatement en envoyant des impulsions nerveuses au cerveau par l'intermédiaire des nerfs optiques. Dès qu'un message atteint le cerveau, celui-ci le transforme en une image en trois dimensions, détaillée et colorée : c'est ce que nous « voyons ». Sa sensibilité est telle que l'œil humain peut distinguer 10 000 couleurs différentes et repérer la lueur d'une bougie à 1,6 kilomètre de distance.

SOUS HAUTE PROTECTION

Le globe oculaire est caché à 80 % à l'intérieur d'une cavité osseuse du crâne, l'orbite. Mais sa partie exposée – la cornée, sorte de couche « vitrée » – a besoin d'être protégée. Les sourcils empêchent la sueur de couler dessus et la protègent du soleil, et les cils prennent au piège les poussières irritantes. Les larmes l'humidifient et la nettoient. Les paupières, travaillant comme des essuie-glaces, clignent toutes les 2 à 10 secondes, pour étaler les larmes et évacuer les impuretés. Elles se ferment automatiquement dès qu'un objet s'approche de l'œil.

UNE PUPILLE VARIABLE

La pupille est un trou situé au centre de l'iris coloré. C'est par lui que la lumière pénètre dans la partie obscure de l'œil. De forme ronde légèrement aplatie, l'iris est équipé de deux sortes de fibres musculaires : les premières font le tour de l'iris pour rétrécir (contracter) la pupille ; les secondes traversent l'iris pour l'élargir (la dilater). Ces muscles modifient par une action réflexe la taille de la pupille en fonction de l'intensité de la lumière.

EN PLEINE LUMIÈRE, L'IRIS RÉTRÉCIT LA PUPILLE EN LA CONTRACTANT POUR LIMITER LE PASSAGE DE LA LUMIÈRE.

DANS L'OBSCURITÉ, L'IRIS ÉLARGIT LA PUPILLE EN LA DILATANT POUR FAVORISER LE PASSAGE DE LA LUMIÈRE.

L'ŒIL ARC-EN-CIEL

L'iris, nommé ainsi d'après la déesse grecque de l'arc-en-ciel, peut avoir des couleurs très variées, du vert le plus pâle au brun le plus foncé.

Ces couleurs sont toutes produites par la mélanine, un pigment (colorant) qui se trouve aussi dans la peau. Les iris chargés de beaucoup de pigment paraissent bruns. Ceux qui en ont peu paraissent gris, verts ou bleus.

La lumière diffusée par le pigment dans l'iris lui donne sa couleur particulière.

Chez l'être humain, la curiosité élargit ....

La pupille est l'ouverture du centre de l'iris qui laisse passer la lumière.

DE L'ŒIL AU CERVEAU

Cette image en coupe de la tête d'une personne vivante a été réalisée par un scanner. Les globes oculaires (rose) et le nez sont à gauche et l'arrière de la tête à droite. La majeure partie de l'espace est occupée par le cerveau. Le nerf optique (jaune), connecté au fond de chaque globe, contient plus d'un million de fibres acheminant à grande vitesse les impulsions nerveuses vers le cerveau. Les deux nerfs optiques se croisent en chemin avant de continuer vers l'arrière du cerveau.

La cornée participe à la mise au point en déviant la lumière à l'entrée de l'œil.

La rétine

L'image limpide mise au point par le cristallin est projetée à l'envers sur la rétine.

La zone de vision du cerveau reçoit des messages en provenance des rétines et les renvoie en images « visibles ».

La lumière reflétée par l'arbre pénètre dans l'œil.

Le cristallin élastique change de forme pour projeter une image nette sur la rétine.

Anneau de muscles autour du cristallin

.... les pupilles mais l'ennui les rétrécit.

LE MONDE À L'ENVERS

La cornée et le cristallin concentrent la lumière sur les capteurs du fond de l'œil. Les muscles qui entourent le cristallin peuvent l'épaissir – pour faire le point sur les objets proches – ou l'aplatir – pour faire le point sur les objets lointains. L'image produite sur la rétine est renversée. Dès que le cerveau reçoit le message de la rétine, il rétablit l'image à l'endroit.

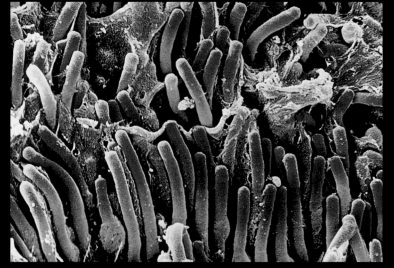

CAPTEURS

La rétine contient des millions de capteurs sensibles à la lumière. Les bâtonnets (sur l'image de gauche), les plus nombreux, fonctionnent mieux avec une lumière faible et donnent des images en noir et blanc. Les cônes fonctionnent en pleine lumière et nous permettent de voir les couleurs.

LENTILLE SOUPLE

L'intérieur du cristallin vu au microscope révèle de longues fibres disposées en couches, comme des peaux d'oignon. Ces fibres contiennent des protéines particulières qui les rendent transparentes et élastiques. C'est pourquoi le cristallin, transparent et élastique, peut changer de forme.

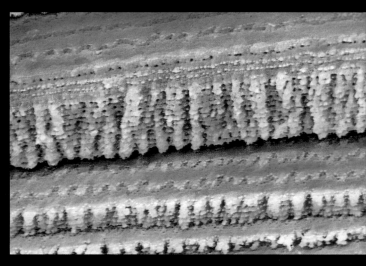

LES OREILLES

L'AUDITION NOUS PERMET DE COMMUNIQUER par la parole, d'écouter de la musique et d'autres sons, d'être avertis de l'approche d'un danger. Les sources des sons vibrent et émettent des ondes sonores qui exercent une pression sur l'air en se déplaçant. Ces ondes sont canalisées jusqu'à l'intérieur de l'oreille où elles sont détectées par une zone remplie de cellules munies de « cils », la cochlée. Lorsque ces cils sont poussés, tirés ou pressés par les vibrations du liquide qui les entoure, les cellules ciliées envoient au cerveau des signaux électriques qu'il transforme en sons. L'oreille humaine perçoit la hauteur et la force des sons, et leur orientation – une oreille captant les sons avant l'autre. L'oreille joue également un rôle essentiel dans l'équilibre. Les autres cellules ciliées de l'oreille surveillent constamment la position et les mouvements du corps.

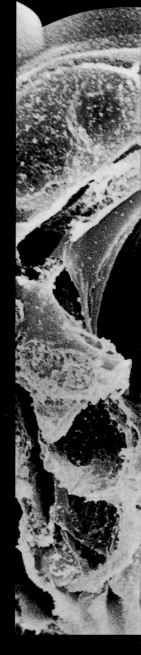

HORS DE VUE
Quand on parle d'oreille, on pense surtout à l'extérieur, appelé le pavillon. Or l'oreille continue à l'intérieur du crâne et se compose de trois parties. L'oreille externe abrite le conduit auditif, protégé des saletés et des corps étrangers par le cérumen. L'oreille moyenne est reliée à la gorge par la trompe d'Eustache qui équilibre la pression interne et externe. L'oreille interne est remplie de liquide, et renferme des capteurs.

Le nerf transmet l'information des capteurs de l'équilibre.

Les canaux semi-circulaires, l'utricule et le saccule, contiennent les capteurs de l'équilibre.

Conduit auditif

Oreille moyenne

Nerf cochléaire

La cochlée renferme les détecteurs de sons.

Le tympan sépare l'oreille externe de l'oreille moyenne.

Trompe d'Eustache

LE TYMPAN
Les médecins se servent d'un otoscope pour regarder l'intérieur de l'oreille. Nous voyons ci-contre un tympan. Il s'agit d'une membrane fine, presque transparente, bouchant l'extrémité du conduit auditif qu'il sépare de l'oreille moyenne. Il vibre au passage des ondes sonores pénétrant dans le conduit auditif.

Le contour des os de l'oreille moyenne est visible à travers le tympan.

TRAIT D'UNION
Pas plus long qu'un grain de riz, l'étrier est le plus petit os du corps, et le dernier de la série des trois osselets de l'oreille moyenne. Les deux autres osselets s'appellent le marteau et l'enclume. Les osselets captent les vibrations du tympan et les transmettent à la fenêtre ovale, la membrane recouvrant l'ouverture de l'oreille interne. Celle-ci les répercute alors dans le liquide de la cochlée.

ÉTRIER

Des cils sensoriels en forme de V dépassent des cellules ciliées.

UN DÉTECTEUR DE SONS

L'oreille détecte les sons dans l'organe de Corti (à gauche), situé au centre de la cochlée pleine de liquide. En forme d'escargot, celui-ci se compose de plus de 15 000 cellules ciliées qui se dressent sur quatre rangs, chacune ayant jusqu'à 100 cils à son extrémité. En arrivant de l'oreille moyenne, le son fait bouger le liquide, ce qui fait courber les cils, déclenchant ainsi les impulsions nerveuses que les cellules envoient le long du nerf cochléaire jusqu'à la zone du cerveau qui « entend » les sons.

La cellule ciliée envoie des signaux au cerveau.

Cils sensoriels à l'intérieur du saccule de l'oreille interne

Des cristaux de carbonate de calcium poussent ou tirent les cils selon la position de la tête.

ACUITÉ AUDITIVE COMPARÉE (EN HERTZ)			
HAUTE FRÉQUENCE			
120 000			
100 000			
80 000			
60 000			
40 000			
20 000			
0			
BASSE FRÉQUENCE	CHAUVE-SOURIS	ENFANT	HOMME DE 60 ANS

L'ACUITÉ AUDITIVE

Des grondements sourds aux cris suraigus, l'oreille humaine détecte toute une gamme de sons. Leur hauteur dépend de leur fréquence, c'est-à-dire du nombre d'ondes sonores reçues par seconde, mesurée en hertz (Hz). Les enfants entendent les sons compris entre 20 Hz (grave) et 20 000 Hz (aigu). Le seuil supérieur baisse avec l'âge. Certains animaux, notamment les chauves-souris, entendent des sons ultra-aigus, les ultrasons.

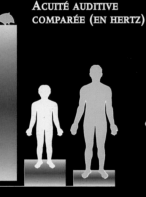

Cette gymnaste tient en équilibre grâce aux capteurs de ses oreilles et de ses pieds.

L'ÉQUILIBRE

Grâce à l'équilibre, nous tenons debout et nous marchons sans tomber. Les capteurs d'équilibre de l'oreille interne et ceux des yeux, des muscles, des articulations et de la peau des pieds transmettent des informations au cerveau qui « connaît » ainsi la position du corps et peut envoyer des messages aux muscles pour le contrôler. Dans l'oreille interne, les cellules ciliées de l'utricule et du saccule (ci-dessus) surveillent la position de la tête pendant que celles des trois canaux semi-circulaires détectent ses mouvements.

LE NEZ ET LA LANGUE

LES CAPTEURS DE L'ODORAT SONT SITUÉS dans le nez, ceux du goût sur la langue. Les premiers envoient leurs messages à une zone du cerveau responsable des émotions et de la mémoire, ce qui explique que certaines odeurs s'associent à des sentiments ou des souvenirs. Les seconds envoient leurs messages aux zones de goût du cerveau, mais aussi à celles qui commandent l'appétit et la sécrétion de la salive. Ensemble, le goût et l'odorat nous permettent d'apprécier les parfums et de faire la différence entre des centaines de types d'aliments. L'odorat est le plus sensible. Si la langue ne peut détecter que quatre saveurs, le nez, lui, reconnaît plus de 10 000 odeurs. Quand on a un gros rhume qui bloque l'odorat, les aliments n'ont plus aucune saveur. L'odorat et le goût jouent également un rôle protecteur : l'odeur de la fumée nous avertit du danger, et l'amertume d'un aliment signale souvent que celui-ci est toxique et qu'il vaut mieux le recracher.

SENSATIONS GUSTATIVES

La surface de la langue est couverte d'un grand nombre de minuscules bosses, les papilles. Certaines contiennent des capteurs que l'on appelle les bourgeons du goût. Comme le montre le schéma ci-dessous, les bourgeons du goût détectent l'un des quatre goûts de base – sucré, salé, acide et amer – suivant la région de la langue où ils sont situés. D'autres capteurs renseignent le cerveau sur la température et la texture des aliments.

CARTE DE LA LANGUE

Zone sensible au goût amer, comme le café

Zone sensible au goût acide, comme le vinaigre

Zone sensible au goût sucré, comme le miel

Zone sensible au goût salé, comme les chips

ODORAT ET GOÛT

Cette coupe de la tête montre la position des organes de l'odorat et du goût. Les récepteurs de l'odorat sont situés dans le tissu recouvrant la partie supérieure des deux côtés de la fosse nasale, l'épithélium olfactif. Les capteurs de goût, appelés bourgeons du goût, sont situés sur la langue qui pousse les aliments dans toute la cavité buccale pendant la mastication.

Gros comme l'ongle du pouce, l'épithélium olfactif contient les capteurs de l'odorat.

L'air porteur de molécules d'odeurs est aspiré par les narines.

Les capteurs du goût sont situés sur la langue.

LES RÉCEPTEURS D'ODEURS

Tout en haut de la fosse nasale, plus de 25 millions de récepteurs (à droite) terminés par des cils entourés de mucus captent les odeurs : c'est la muqueuse nasale. Quand on respire, les molécules d'odeurs se dissolvent dans le mucus et se collent aux cils, déclenchant l'envoi d'impulsions nerveuses au cerveau. Renifler améliore la détection des odeurs car la quantité d'air absorbée par le nez augmente alors.

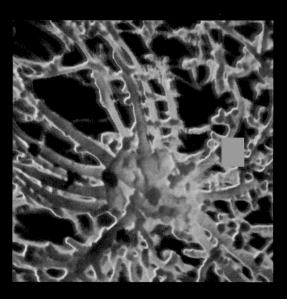

NEZ DÉGAGÉ

Un éternuement propulse un jet de gouttelettes de mucus à travers les narines à la vitesse de 160 km/h. Cette action réflexe est généralement provoquée par des infections, comme le rhume, ou par des particules irritantes. Ce brusque souffle d'air nettoie très vite le nez.

De microscopiques capteurs de goût sur le côté des papilles de la langue entrent en contact avec les molécules de goût pendant la mastication.

Les papilles filiformes sont disposées en rangs parallèles à la surface de la langue.

Coupe d'une papille

LES BOURGEONS DU GOÛT

Cette coupe de papilles (à droite) montre quelques-uns des 10 000 bourgeons du goût de la langue. Situé sur le côté des papilles, chaque bourgeon contient de 25 à 40 cellules sensorielles disposées en quartiers d'orange. Des cils gustatifs prolongent ces cellules vers les pores gustatifs où ils baignent dans la salive. Dissous dans celle-ci, les aliments sont détectés par les cils gustatifs.

Les bourgeons du goût s'ouvrent entre les papilles, par un pore.

LES PAPILLES POINTUES

La plupart des papilles sont filiformes, c'est-à-dire fines comme des fils. Peu d'entre elles contiennent des bourgeons du goût. En revanche, ce sont elles qui, grâce à leurs capteurs, nous permettent de « sentir » la consistance des aliments. Ce sont elles également qui rendent la langue rugueuse et qui l'aident à retenir les aliments dans la bouche, sinon on ne pourrait pas manger de crème glacée !

Le bout de ces papilles est renforcé de kératine, la matière dure que l'on trouve dans les ongles.

Les cellules de la surface des papilles fongiformes sont constamment renouvelées.

LES PAPILLES RONDES

Éparpillées sur la langue, d'autres papilles, arrondies et un peu aplaties (à gauche), ressemblent à des champignons. C'est pour cette raison qu'on les appelle des papilles fongiformes. Les bourgeons du goût sont situés sur les côtés et autour de la base des papilles fongiformes, mais aussi sur 10 à 12 papilles plus grosses disposées en V à l'arrière de la langue. Les papilles fongiformes ont généralement une couleur rougeâtre due aux nombreux vaisseaux sanguins du tissu les soutenant.

LES HORMONES

DEUX SYSTÈMES CONTRÔLENT ET COORDONNENT les activités du corps. L'un, le système nerveux, est très rapide. L'autre, le système hormonal (ou endocrinien), est plus lent, mais ses effets sont plus durables. Ce dernier joue un rôle clé dans la croissance, la reproduction et le contrôle des fonctions du corps. Le système hormonal est composé de glandes porteuses de messagers chimiques : les hormones. Véhiculées par le sang jusqu'aux tissus, les hormones se fixent sur les cellules afin de modifier les réactions chimiques ayant lieu à l'intérieur. Les principales glandes hormonales sont l'hypophyse, la thyroïde et les surrénales. Certains organes possèdent leur propre « usine » à hormones, comme le pancréas qui fabrique de l'insuline.

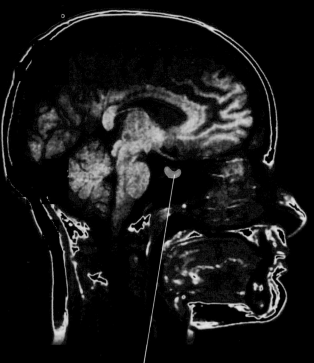

Hypophyse

PREMIER RÔLE

Placée sous le cerveau, pas plus grosse qu'un pois, l'hypophyse est la partie la plus importante du système endocrinien car elle contrôle la plupart des glandes hormonales. Elle libère au moins neuf hormones, dont certaines, telle l'hormone de croissance, ont un effet direct sur le corps. Les autres agissent sur les glandes hormonales qui, comme la thyroïde, ont besoin d'être stimulées pour libérer à leur tour leurs propres hormones.

LA THYROXINE

On voit, à gauche, l'intérieur de la glande thyroïde, située à l'avant du cou, sous le larynx. Les follicules (rouge) y produisent la thyroxine. Cette hormone augmente le métabolisme, c'est-à-dire qu'elle accélère les transformations chimiques à l'intérieur des cellules. La production de thyroxine est stimulée par une hormone de l'hypophyse, la thyréostimuline, ou TSH.

L'HORMONE DE CROISSANCE

Les enfants et les adolescents ont besoin de l'hormone de croissance pour grandir et se développer normalement. Libérée par le lobe antérieur de l'hypophyse, cette hormone agit sur toutes les cellules du corps, mais cible plus particulièrement les os et les muscles striés. Elle stimule la division des cellules qui entraîne la croissance des os et des muscles. Si un enfant manque d'hormone de croissance, il deviendra un adulte de petite taille. S'il en a trop, il deviendra beaucoup plus grand que les autres.

Le lobe antérieur de l'hypophyse fabrique six hormones essentielles.

Coupe de l'hypophyse montrant sa structure interne

L'hormone de croissance stimule l'allongement des os.

HYPOPHYSE ET HYPOTHALAMUS

L'hypophyse se compose de deux parties, appelées lobes. Le lobe postérieur (à droite), le plus petit, stocke deux hormones produites par l'hypothalamus, une autre partie du cerveau. Ces hormones circulent le long des fibres nerveuses de la tige pituitaire reliant l'hypothalamus à l'hypophyse. Le lobe antérieur de l'hypophyse (à gauche), lui, fabrique et libère les autres hormones, dont la production est stimulée par celles de l'hypothalamus stockées dans le lobe postérieur de l'hypophyse. Les hormones du lobe postérieur parviennent au lobe antérieur, via l'hypothalamus, par les vaisseaux capillaires de la tige pituitaire qui relient l'hypothalamus au lobe antérieur. Ainsi, en contrôlant l'hypophyse, l'hypothalamus relie les systèmes nerveux et endocrinien.

Dans l'hypothalamus, des cellules nerveuses fabriquent des hormones destinées au lobe postérieur de l'hypophyse.

Des fibres nerveuses transportent les hormones de l'hypothalamus qui doivent être stockées dans le lobe postérieur.

Six molécules d'insuline regroupées

Des vaisseaux capillaires transportent les hormones de l'hypothalamus qui vont stimuler le lobe antérieur de l'hypophyse afin qu'il libère d'autres hormones.

RECONSTITUTION PAR ORDINATEUR DE L'INSULINE

La tige pituitaire relie l'hypophyse à l'hypothalamus.

LE TAUX DE GLUCOSE

Délivré par le sang, le glucose apporte aux cellules du corps leur énergie essentielle. Son taux est donc constamment surveillé par deux hormones du pancréas : l'insuline et le glucagon, agissant en fonction des besoins. Si le taux de glucose s'élève, l'insuline stimule les cellules, qui en absorbent, et le foie, qui le stocke sous forme de glycogène. Si le taux de glucose baisse, le glucagon agit sur le foie qui en libère alors à partir du glycogène qu'il a stocké.

ATTENTION, DANGER !

Fabriquée par deux glandes situées au-dessus des reins, les surrénales, l'adrénaline est une hormone dont le rôle est de préparer le corps à réagir dans l'urgence. Si le cerveau détecte un danger ou un stress, il envoie un signal aux glandes surrénales qui libèrent de l'adrénaline dans le sang. Celle-ci accélère la respiration et le rythme du cœur, et augmente pendant un instant le volume de sang dans les muscles. Le corps est ainsi prêt à affronter le danger ou à le fuir.

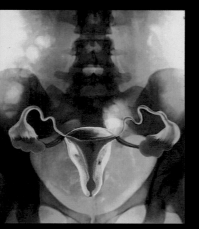

LES HORMONES SEXUELLES

Sur cette radiographie, on voit l'utérus (au centre) entouré des ovaires (rose). Son activité est contrôlée par des hormones de l'hypophyse. La gonadotrophine (FSH) et l'hormone lutéinisante (LH) stimulent les ovaires afin qu'ils libèrent un ovule par mois et produisent leurs propres hormones sexuelles. L'ocytocine, sécrétée par le lobe postérieur de l'hypophyse, déclenche les contractions de l'utérus pendant l'accouchement.

L'excitation provoque une décharge d'adrénaline.

Des vaisseaux sanguins acheminent les hormones vers le reste du corps.

27

LE CŒUR

LE CŒUR, QUE L'ON PRENAIT AUTREFOIS pour le centre des émotions de l'amour, ne joue en fait « que » le rôle vital de pompe. Situé dans la poitrine, il est entouré par les poumons et protégé par la cage thoracique. Sa paroi est un muscle, le muscle cardiaque, qui se contracte sans arrêt sans se fatiguer. Le côté droit du cœur envoie le sang vers les poumons pour qu'il soit oxygéné. Le côté gauche l'envoie aux cellules du corps. Un battement de cœur a plusieurs phases distinctes. D'abord, le cœur se relâche et se remplit de sang. Puis les deux ventricules, appelés les chambres inférieures, se contractent ensemble pour expulser le sang vers les poumons et le reste du corps. Des valvules obligeant le sang à circuler dans un seul sens produisent, en se fermant, le bruit que l'on entend au stéthoscope. Au repos, le cœur se contracte environ 70 fois par minute. Pendant l'effort, son rythme s'accélère afin d'envoyer un peu plus de sang aux muscles.

Le cœur bat environ 3 milliards de fois dans une vie...

L'artère coronaire gauche se divise en deux.

Artère coronaire droite

Le cœur est légèrement à gauche du sternum et incliné vers la gauche du corps.

RÉSEAU À PART
Les cellules du muscle cardiaque (la paroi du cœur) ont, comme toutes les cellules, besoin d'un apport constant en oxygène. Mais le sang qui circule dans le cœur ne s'infiltre pas dans sa paroi pour apporter aux cellules l'oxygène nécessaire. Le cœur fonctionne avec son propre réseau de vaisseaux sanguins : le système coronarien. Sur la radiographie ci-dessus, on voit les artères coronaires droite et gauche partant de l'aorte. Ce sont elles qui alimentent le cœur. Ensuite, le sang est recueilli dans une grosse veine qui se vide dans l'oreillette droite.

Ventricule gauche relâché

Ventricule gauche contracté

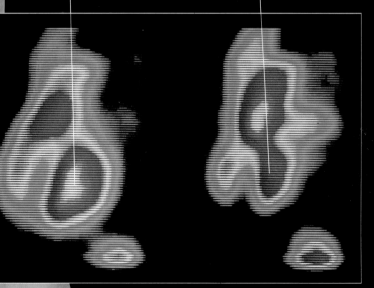

... sans jamais se reposer.

UN BATTEMENT DE CŒUR
Une caméra spéciale permet aux médecins d'observer le cœur en action. Elle détecte les globules rouges rendus visibles par une substance radioactive, et montre la façon dont la distribution du sang change pendant un battement de cœur. Sur cette photographie, à gauche, le ventricule gauche, relâché, se remplit de sang. À droite, il est contracté, et contient peu de sang.

L'INTÉRIEUR DU CŒUR

À gauche et à droite du cœur, il y a deux cavités communicantes : en haut, une oreillette, et en bas, un ventricule, plus grand. Le sang pauvre en oxygène (bleu) entre dans l'oreillette droite, est aspiré par le ventricule droit, puis envoyé dans les poumons par l'artère pulmonaire. Une fois enrichi, le sang (rouge) revient par la veine pulmonaire dans l'oreillette gauche avant d'être aspiré par le ventricule gauche pour être expédié dans le corps.

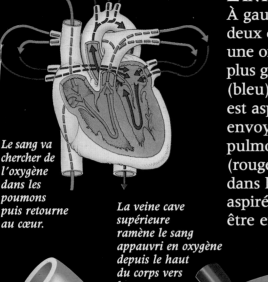

Le sang va chercher de l'oxygène dans les poumons puis retourne au cœur.

La veine cave supérieure ramène le sang appauvri en oxygène depuis le haut du corps vers le cœur.

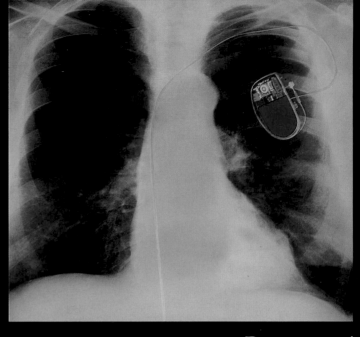

Aorte

Artère pulmonaire

Veine pulmonaire

Oreillette gauche

Ventricule gauche

Oreillette droite

Ventricule droit

La veine cave inférieure ramène le sang appauvri en oxygène depuis le bas du corps vers le cœur.

BIEN RYTHMÉ

Le cœur a, dans la paroi de l'oreillette droite, un stimulateur naturel qui envoie les impulsions électriques déclenchant chaque battement. C'est le nœud sinusal. Si celui-ci a une défaillance, il peut être remplacé par un stimulateur artificiel branché sur une pile de très longue durée et implanté sous la peau (ci-dessus). Un fil transmet les impulsions électriques au cœur. Certains appareils envoient des impulsions à un rythme fixe, d'autres ne les envoient que si le cœur a une défaillance.

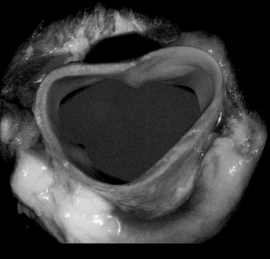

SENS UNIQUE

Cette valvule semi-lunaire (en demi-lune) est ouverte pour laisser le sang sortir du ventricule droit par l'artère pulmonaire. Il y a une valvule identique dans l'aorte quittant le ventricule gauche. Comme les autres valvules du cœur, les semi-lunaires obligent le sang à circuler dans un sens. Quand le ventricule se contracte, la valvule s'ouvre pour laisser passer le sang. Quand il se relâche, la valvule se referme pour empêcher le sang de remonter dans le ventricule.

Bord de la valvule fixé aux tendons du cœur

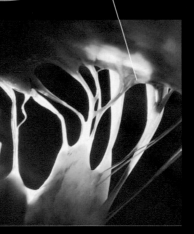

LES TENDONS DU CŒUR

Entre chaque oreillette et chaque ventricule, une valvule laisse le sang entrer dans le ventricule relâché, mais se ferme dès que celui-ci se contracte. Ces filaments (à droite) fixent la valvule sur des saillies de la paroi ventriculaire, l'empêchant ainsi de se retourner – comme un parapluie pris dans un coup de vent – lorsque le ventricule se contracte.

Le sang contenant peu d'oxygène est plus foncé.

SANG APPAUVRI EN OXYGÈNE   SANG OXYGÉNÉ

UNE COULEUR VARIABLE

Le sang doit sa couleur aux milliards de globules rouges qu'il contient ou, plus exactement, aux 250 millions de molécules d'hémoglobine de chaque globule rouge. Quand le sang passe dans les poumons, l'hémoglobine recueille de l'oxygène. Elle change alors de forme et devient rouge vif, comme le sang. Dans les tissus, où la demande est élevée, elle délivre son oxygène, change à nouveau de forme et devient rouge foncé.

Sang oxygéné (rouge)

Sang appauvri en oxygène (bleu)

L'aorte, l'artère la plus grosse, est 2 500 fois plus large que les plus petits vaisseaux capillaires.

La veine jugulaire interne ramène le sang de la tête et du cou vers le cœur.

Les artères pulmonaires acheminent le sang appauvri en oxygène du côté droit du cœur aux poumons.

Les veines pulmonaires acheminent le sang oxygéné des poumons au côté gauche du cœur.

Le cœur (ici en coupe) est une pompe musculaire qui propulse le sang dans tout l'appareil circulatoire.

LES PRINCIPAUX VAISSEAUX

Les vaisseaux forment un réseau ramifié atteignant toutes les parties du corps, comme le montre cette « carte ». Toutes les artères partent du cœur.

La plupart acheminent le sang oxygéné (rouge) vers la tête, le tronc et les membres. L'artère pulmonaire est une exception : elle transporte, sur une courte distance, le sang appauvri vers les poumons afin qu'il se charge en oxygène et se débarrasse du dioxyde de carbone. Toutes les veines convergent vers le cœur pour ramener le sang, généralement appauvri en oxygène (bleu). Seules les veines pulmonaires acheminent du sang oxygéné des poumons vers le cœur. Les artères et les veines sont reliées par les vaisseaux capillaires, trop petits pour être représentés ici.

La veine cave inférieure est la principale veine apportant le sang de l'abdomen et des jambes vers le côté droit du cœur.

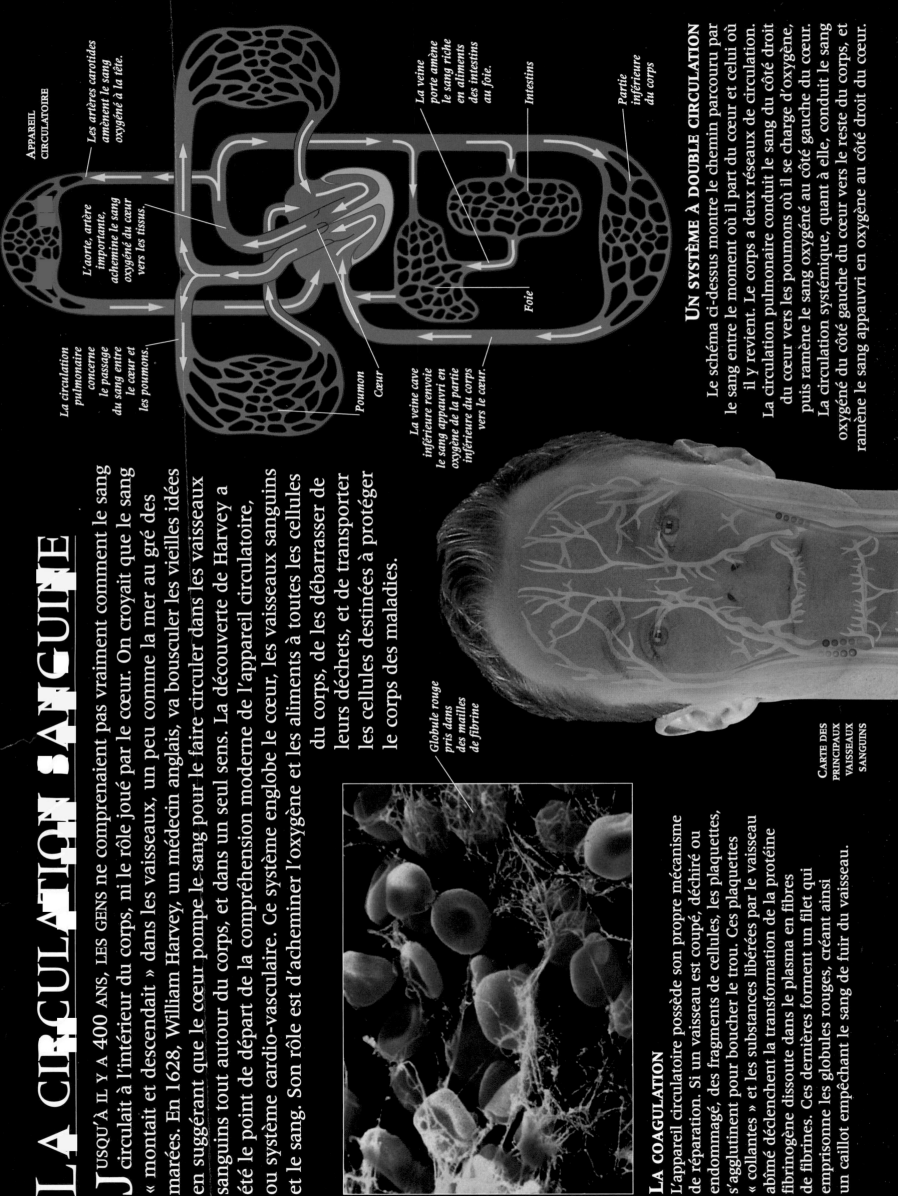

APPAREIL CIRCULATOIRE

Les artères carotides amènent le sang oxygéné à la tête.

L'aorte, artère importante, achemine le sang oxygéné du cœur vers les tissus.

La circulation pulmonaire concerne le passage du sang entre le cœur et les poumons.

Poumon

Cœur

La veine porte amène le sang riche en aliments des intestins au foie.

Intestins

Foie

Partie inférieure du corps

La veine cave inférieure renvoie le sang appauvri en oxygène de la partie inférieure du corps vers le cœur.

UN SYSTÈME À DOUBLE CIRCULATION

Le schéma ci-dessus montre le chemin parcouru par le sang entre le moment où il part du cœur et celui où il y revient. Le corps a deux réseaux de circulation. La circulation pulmonaire conduit le sang du côté droit du cœur vers les poumons où il se charge d'oxygène, puis ramène le sang oxygéné au côté gauche du cœur. La circulation systémique, quant à elle, conduit le sang oxygéné du côté gauche du cœur vers le reste du corps, et ramène le sang appauvri en oxygène au côté droit du cœur.

LA CIRCULATION SANGUINE

J USQU'À IL Y A 400 ANS, LES GENS ne comprenaient pas vraiment comment le sang circulait à l'intérieur du corps, ni le rôle joué par le cœur. On croyait que le sang « montait et descendait » dans les vaisseaux, un peu comme la mer au gré des marées. En 1628, William Harvey, un médecin anglais, va bousculer les vieilles idées en suggérant que le cœur pompe le sang pour le faire circuler dans les vaisseaux sanguins tout autour du corps, et dans un seul sens. La découverte de Harvey a été le point de départ de la compréhension moderne de l'appareil circulatoire, ou système cardio-vasculaire. Ce système englobe le cœur, les vaisseaux sanguins et le sang. Son rôle est d'acheminer l'oxygène et les aliments à toutes les cellules du corps, de les débarrasser de leurs déchets, et de transporter les cellules destinées à protéger le corps des maladies.

Globule rouge pris dans des mailles de fibrine

LA COAGULATION

L'appareil circulatoire possède son propre mécanisme de réparation. Si un vaisseau est coupé, déchiré ou endommagé, des fragments de cellules, les plaquettes, s'agglutinent pour boucher le trou. Ces plaquettes « collantes » et les substances libérées par le vaisseau abîmé déclenchent la transformation de la protéine fibrinogène dissoute dans le plasma en fibres de fibrines. Ces dernières forment un filet qui emprisonne les globules rouges, créant ainsi un caillot empêchant le sang de fuir du vaisseau.

CARTE DES PRINCIPAUX VAISSEAUX SANGUINS

Une
goutte de
sang contient
250 millions de globules
rouges, 375 000 globules
blancs et 16 millions
de plaquettes.

LE SANG

O N NE PENSE PAS À SON SANG,
sauf si l'on se coupe. Ce liquide
vital traverse pourtant continuellement
nos cellules. Il remplit un triple rôle
pour aider le corps à travailler dans
de bonnes conditions. Transporteur,
il apporte aux cellules de l'oxygène,
des substances nutritives, et les
débarrasse de leurs déchets. Régulateur,
il répartit la chaleur afin d'assurer
au corps une température constante
de 37 °C. Défenseur, il aide ce dernier
à se protéger contre les maladies.
Les deux composants principaux
du sang sont le plasma et les cellules
sanguines. Les trois sortes de cellules
sanguines – globules rouges, globules
blancs et plaquettes – sont toutes
fabriquées à l'intérieur des os.

COMPOSITION DU SANG
On a centrifugé – c'est-à-dire
fait tourner à haute vitesse –
cet échantillon de sang afin
de séparer ses deux principaux
composants. On voit du premier
coup d'œil la proportion entre
le plasma et les cellules.

*Le plasma, jaune, représente
environ 55 % du volume sanguin.
Il est composé d'eau dans laquelle
sont dissoutes différentes substances.*

*Les globules blancs et les plaquettes
– moins de 1 % du volume sanguin –
forment cette ligne mince et pâle entre
le plasma et les globules rouges.*

*Les globules rouges, beaucoup
plus nombreux que les blancs
et les plaquettes, représentent
environ 44 % du volume sanguin.*

Le corps d'un adulte contient environ 5 litres de sang

LES DÉFENSEURS
Les globules blancs sont une
armée de défense mobile contre
les microbes (bactéries, virus, etc.),
ces minuscules choses vivantes qui
provoquent les maladies. Dès que des
microbes pénètrent dans le corps, les
globules blancs réagissent. Transportés sur
le lieu de l'infection, ils se faufilent à travers
les parois des vaisseaux sanguins et dans
les tissus environnants. Il existe trois types
principaux de globules blancs : les monocytes
et les polynucléaires neutrophiles dépistent,
encerclent et avalent les envahisseurs – leur
durée de vie de quelques jours est abrégée
s'ils ont du travail ; les lymphocytes
libèrent des substances chimiques,
les anticorps, immobilisant
les microbes avant
leur destruction.

*Ce globule blanc est un
lymphocyte. Il « mémorise »
l'identité des microbes. Dès que
l'un d'eux envahit le corps pour
la deuxième fois, les lymphocytes
lancent une attaque ultrarapide
contre l'ennemi.*

*Les plaquettes en forme
de disque sont trois fois
plus petites que les globules
rouges. Elles ne vivent
pas plus d'une semaine.*

Chaque seconde, 2 millions de globules rouges...

DES BOUCHONS

Les plaquettes sont des fragments de cellules sanguines incomplètes. Leur travail consiste à protéger le corps en colmatant les fuites de sang si les vaisseaux sanguins sont endommagés. Dès qu'il y a un trou, les plaquettes le bouchent en s'agglutinant. Elles peuvent aussi coaguler (c'est-à-dire épaissir) le sang pour l'arrêter de couler.

DISTRIBUTION D'OXYGÈNE

Les globules rouges sont idéaux pour assurer le transport de l'oxygène. L'hémoglobine qu'ils contiennent possède un pouvoir remarquable. Pendant que les globules rouges font le tour du corps en 1 minute, l'hémoglobine recueille l'oxygène là où il y en a beaucoup – dans les poumons – et le dépose là où il y en a peu – autour des cellules qui, très gourmandes, en veulent toujours davantage. La forme biconcave (c'est-à-dire avec deux surfaces creuses opposées) des globules rouges est unique : elle offre une grande surface par laquelle l'oxygène peut être rapidement absorbé ou libéré. Au bout de 120 jours de vie, et 170 000 voyages autour du corps, un globule rouge est usé, inefficace, superflu. Il est alors détruit dans la rate et le foie, et ses parties utiles sont recyclées.

UN TRANSPORTEUR LIQUIDE

Le plasma rend le sang liquide, et joue un rôle clé dans le service de livraison et de nettoyage assuré 24 heures sur 24 par le sang. Il apporte aux cellules des sucres (pour l'énergie) et des acides aminés (pour la croissance et les réparations). Il enlève les déchets toxiques tels que le dioxyde de carbone, et transporte des messagers chimiques, les hormones, qui aident les cellules à travailler. Les protéines du plasma contiennent des anticorps et des protéines dites fibrinogènes capables de coaguler le sang.

Les globules rouges ont une forme biconcave car ils ne possèdent pas de noyau. Cela laisse plus d'espace à l'hémoglobine, la substance qui transporte l'oxygène et donne à ces globules leur couleur rouge.

Les globules rouges sont les cellules les plus nombreuses du corps :

Tibia

L'artère tibiale postérieure passe derrière le tibia et alimente les muscles du mollet permettant de pointer le pied vers le bas.

L'artère tibiale antérieure alimente les muscles du devant de la jambe.

PRINCIPALES VEINES ET ARTÈRES ALIMENTANT LA JAMBE ET LE PIED

Les veines digitales dorsales récupèrent le sang appauvri des orteils.

UNE PROFONDEUR VARIABLE

Sous la peau, les vaisseaux sanguins de l'appareil circulatoire ne sont pas tous à la même profondeur. Comme le montre le dessin de la jambe ci-dessus, les vaisseaux et leurs ramifications passent autour des os. Certains, surtout les veines et les artères les plus grosses, sont profonds. Ils passent sous ou entre les muscles, près des os. D'autres, comme la grande veine saphène, passent très près de la surface de la peau.

Une minuscule hélice propulse cette première version du robot microscopique qui pourrait, un jour, explorer l'appareil circulatoire pour en détecter les défauts.

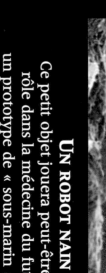

UN ROBOT NAIN

Ce petit objet jouera peut-être un grand rôle dans la médecine du futur. C'est un prototype de « sous-marin » miniature naviguant dans un vaisseau sanguin. Avec les progrès de la technologie, il devrait être possible d'équiper cet engin de sondes, de capteurs et d'« outils » de réparation pour en faire un robot nain, ou nanorobot. Ces robots nains serviraient à détecter et réparer tout défaut de l'appareil circulatoire. En cas d'obstruction d'un vaisseau, par exemple, le robot nain serait injecté dans le sang pour repérer le blocage, l'éliminer et rétablir la circulation normale du sang.

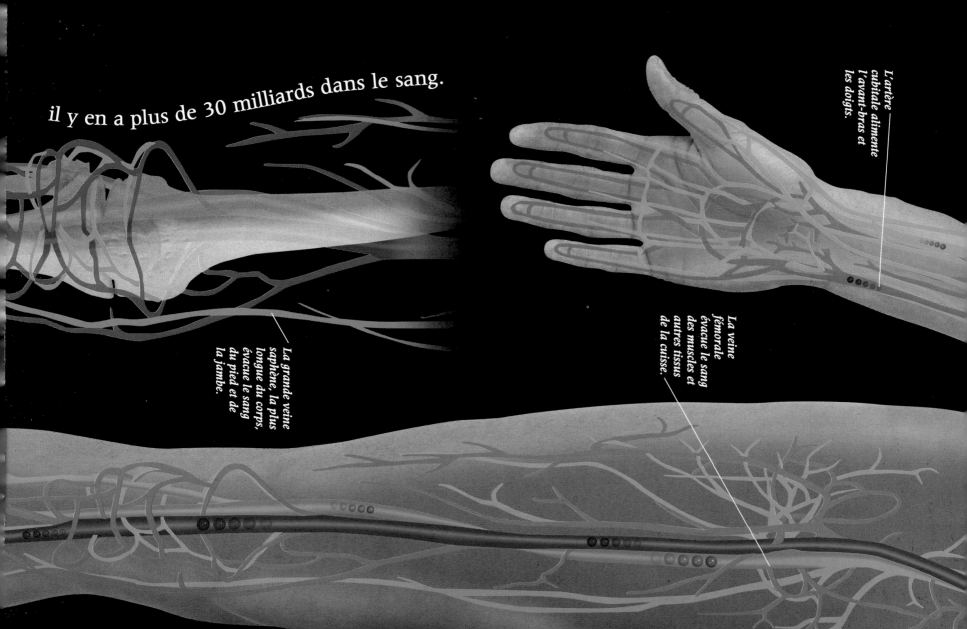

L'artère cubitale alimente l'avant-bras et les doigts.

il y en a plus de 30 milliards dans le sang.

La grande veine saphène, la plus longue du corps, évacue le sang du pied et de la jambe.

La veine fémorale évacue le sang des muscles et autres tissus de la cuisse.

Les vaisseaux sanguins du corps mis bout à bout couvriraient plus de 100 000 kilomètres.

LES ENGELURES

Ce voyageur des pôles doit absolument garder les oreilles et le nez au chaud. Quand il fait très froid, les vaisseaux sanguins de la peau se contractent (rétrécissent), ce qui réduit la perte de la chaleur de la peau et préserve celle de l'intérieur du corps. Mais si la peau est trop longtemps exposée au gel, ses cellules, privées d'oxygène, meurent. On appelle ce phénomène une engelure. Les tissus peuvent alors être si abîmés qu'il faut les enlever.

LES VAISSEAUX SANGUINS

Les CELLULES DU CORPS SONT alimentées en sang par un réseau de tuyaux vivants, les vaisseaux sanguins. Leur taille varie de l'épaisseur d'un fil microscopique à celle d'un doigt. Il en existe trois sortes. Les artères partent du cœur chargées du sang oxygéné ; élastiques et solides, leurs parois peuvent se dilater sous la forte pression du sang pompé par le cœur — on peut le sentir sous le doigt quand une artère passe près de la surface de la peau. Les vaisseaux capillaires, les plus nombreux, sont des ramifications des artères les plus petites ; elles se déploient dans les tissus pour nourrir et oxygéner les cellules. Les veines ramènent le sang appauvri au cœur ; leurs parois sont plus minces car la pression du sang qu'elles transportent est moins forte.

GLOBULES ROUGES EN CIRCULATION

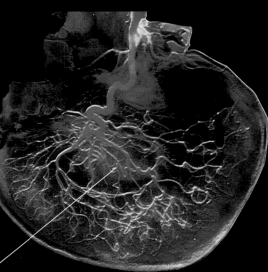

RADIO D'UNE ARTÈRE
Une technique particulière de radiographie aux rayons X, l'angiographie, permet de voir le sang en injectant un liquide spécial dans les vaisseaux sanguins. Cette angiographie de la tête vue de profil montre l'artère carotide interne et ses ramifications alimentant le cerveau en sang. Les médecins utilisent ce type de radiographie pour rechercher des signes d'obstruction des vaisseaux ou de maladie.

Ramifications de l'artère carotide interne

LA CIRCULATION DU BRAS ET DE LA MAIN
L'artère radiale et la veine céphalique sont deux des artères (rouge) et des veines (bleu) par lesquelles le sang circule dans le bras et la main. L'artère radiale longe le radius, du coude au poignet ; là, elle se ramifie en petites artères amenant le sang aux doigts. Les veines du dos de la main s'écoulent dans la veine céphalique qui s'enroule jusqu'au coude autour du radius, puis continue vers l'épaule.

Artère radiale

Veine céphalique

36

LIVRAISON À DOMICILE

Si les artères et les veines sont les autoroutes de l'appareil circulatoire, les vaisseaux capillaires en sont les voies secondaires qui livrent le sang à chaque cellule du corps. Beaucoup de vaisseaux capillaires sont si étroits que les globules rouges doivent faire la queue et se comprimer pour y entrer. Leurs parois très fines laissent passer l'oxygène et les substances qui vont nourrir les cellules environnantes, puis ramasser leurs déchets avant de retourner dans les vaisseaux capillaires.

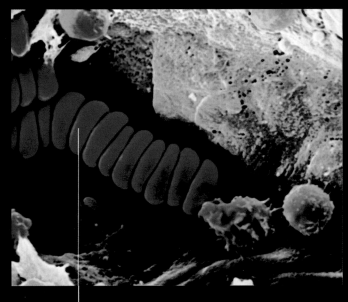

Des globules rouges font la queue pour passer dans un vaisseau capillaire.

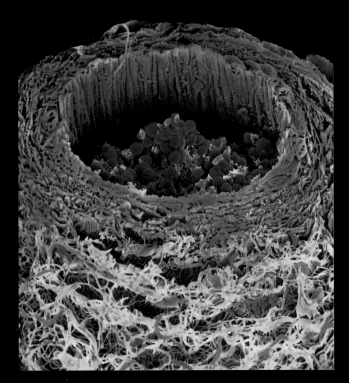

LES ARTÉRIOLES

Cette vue en coupe (ci-dessus) montre la structure d'une artériole, la plus petite ramification d'une artère. L'ouverture, appelée aussi cavité (ici remplie de globules rouges), a une paroi lisse permettant au sang de circuler facilement. Autour, une couche de muscle plus épaisse (rose) peut élargir ou rétrécir la taille de l'artère afin de contrôler le flux du sang vers les tissus. La couche extérieure (jaune) protège l'artériole. Les artérioles se ramifient en vaisseaux capillaires encore plus étroits.

RAMIFICATIONS

Le sang oxygéné quitte le côté gauche du cœur par l'aorte, une artère aussi épaisse qu'un doigt. Les ramifications de l'aorte gagnent les organes, comme le cerveau ou les reins, puis se ramifient elles-mêmes jusqu'à devenir assez petites pour pouvoir alimenter les cellules de ces organes. On voit ici des globules rouges chargés d'oxygène entrer dans une artériole (à gauche), la plus étroite des ramifications artérielles. Ces globules rouges parcourent environ 15 kilomètres par jour en circulant sans arrêt du cœur dans les artères, les capillaires, puis les veines, avant de revenir au cœur.

LES DÉFENSES DU CORPS

L E CORPS EST CONSTAMMENT MENACÉ par des micro-organismes porteurs de maladies. Ces microbes, ou germes, incluent les virus et les bactéries. Heureusement, le corps possède un système de défense naturelle. La peau, d'abord, est une barrière qui empêche les microbes de pénétrer dans le sang ou les tissus. S'ils parviennent à passer, ils sont alors attaqués par des globules blancs – les phagocytes et les lymphocytes – que l'on trouve dans le sang, la lymphe et la rate. Les phagocytes traquent et mangent les envahisseurs. Les lymphocytes, qui vivent longtemps, constituent le système de défense (système immunitaire) du corps ; ils se souviennent de tous les microbes et produisent des substances chimiques, les anticorps, capables de les détruire.

DES LARMES ACTIVES

Les glandes lacrymales produisent un liquide qui nettoie l'œil à chaque clignement de la paupière : les larmes. Le chagrin ou le rire peuvent en augmenter la production, et les faire déborder. Les larmes nettoient la surface de l'œil et contiennent une substance, le lysozyme, qui détruit les bactéries. Comme la peau, les larmes forment une barrière empêchant les microbes de pénétrer dans le corps.

UN FILTRE À MICROBES

Quand le sang circule dans les vaisseaux capillaires, un fluide, la lymphe, s'en échappe pour alimenter les cellules et évacuer les déchets. L'excédent de ce fluide est récupéré par le système lymphatique, un réseau de vaisseaux spéciaux. Ces vaisseaux la recueillent et la déversent dans deux vaisseaux plus gros qui la ramènent dans le sang. En chemin, la lymphe traverse les ganglions lymphatiques où tous les microbes sont filtrés et détruits par les globules blancs.

Vaisseau lymphatique

Rate

SYSTÈME LYMPHATIQUE

Le vaisseau lymphatique mène la lymphe au ganglion.

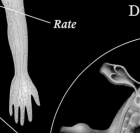

L'intérieur est plein de globules blancs.

MACROPHAGE PIÉGEANT UN MICROBE

Le macrophage dépiste les microbes envahisseurs.

DE GROS MANGEURS

Doués d'un appétit féroce, des globules blancs, que l'on appelle les macrophages, rôdent dans les tissus pour y traquer l'envahisseur. Ici, un macrophage a trouvé et avalé un microbe appelé *Leishmania mexicana* qu'il va digérer. Propagé sous les tropiques par une mouche, le *Leishmania* peut provoquer des ulcères de la peau, des fièvres, et même la mort.

Le rôle des macrophages est également de « présenter » les restes des microbes morts aux lymphocytes du système immunitaire afin que ceux-ci puissent les reconnaître et les attaquer tout de suite s'ils reviennent une autre fois.

LES CELLULES CANCÉREUSES

Les menaces ne viennent pas toutes de l'extérieur. Les cellules cancéreuses sont des cellules échappant à tout contrôle qui se divisent pour former des tumeurs. En grandissant, celles-ci empêchent les organes de fonctionner, et entraînent la mort si on ne les traite pas. La plupart des cellules cancéreuses sont identifiées et stoppées par les lymphocytes T « killer » (ou « tueuses ») qui se fixent sur elles pour les détruire avec des substances chimiques. Ces tueuses détruisent aussi les cellules infectées par des virus.

Cellule cancéreuse attaquée par des lymphocytes T « killer » (jaune)

LE VIRUS VIH

Le virus VIH (virus de l'immunodéficience humaine) est un agent pathogène qui vise le système immunitaire. En détruisant des lymphocytes T « helper » (ou « auxiliaires »), il affaiblit le système de défense du corps qui ne peut plus réagir comme avant aux attaques des microbes. Des infections risquent alors de se développer dans le corps entier, aboutissant à une maladie très grave, souvent fatale, le sida (syndrome d'immunodéficience acquise).

Particule de VIH à la surface d'un lymphocyte T « helper »

LES VACCINS

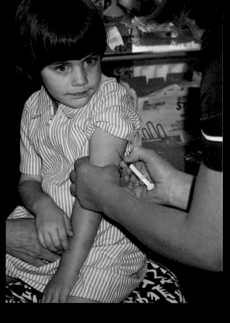

À sa première rencontre avec un envahisseur, le système immunitaire met des jours à produire le bon anticorps. Pendant ce temps-là, une maladie grave peut se développer. Pour éviter cela, on a inventé le vaccin. Une injection (à droite) de microbe ou virus inoffensif, mort ou affaibli, stimule le système immunitaire qui fabrique alors des anticorps et « se souvient ». Si un « vrai » virus ou microbe envahit le corps, il réagit alors immédiatement et le détruit.

ACARIEN SUR UNE ÉCAILLE DE PEAU

L'extension du macrophage cerne et capture le microbe (vert).

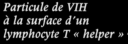

LES ALLERGIES

Les allergies se produisent quand le système immunitaire réagit à une substance normalement inoffensive qui a été absorbée, touchée ou respirée. Les minuscules acariens qui vivent dans les lits et les meubles en se nourrissant de peau morte humaine en sont une cause fréquente. La poussière des maisons en est pleine. Si une personne allergique en respire, elle peut avoir une crise d'asthme.

L'APPAREIL RESPIRATOIRE

POUR VIVRE, nous avons besoin d'oxygène. Toutes les cellules du corps en consomment et y puisent leur énergie. Mais l'oxygène ne peut pas être stocké, et la peau ne peut pas s'en imprégner. Seul l'appareil respiratoire est apte à faire ce travail. Ses voies aériennes servent à faire pénétrer l'air dans les poumons et à le rejeter. C'est dans les poumons que le sang se charge de l'oxygène (21 % de l'air) qu'il distribue ensuite aux cellules. Le mouvement des côtes et du diaphragme – la respiration – force l'air à entrer et à sortir des poumons. L'appareil respiratoire évacue également le dioxyde de carbone (CO_2) qui, s'il s'accumulait, empoisonnerait le corps.

Sinus frontal

Fosse nasale

IMAGE AU SCANNER DES SINUS ET DES FOSSES NASALES

UN FILTRE À POUSSIÈRE
Des cils microscopiques enduits de mucus collant tapissent la paroi interne du nez. Lorsque l'air pénètre dans le nez, le mucus capture la poussière, les bactéries et toutes particules qui abîmeraient les tissus délicats des poumons. Le mouvement des cils pousse les matières piégées vers l'arrière de la gorge où elles sont avalées.

FOSSES NASALES ET SINUS
Sur cette image au scanner de la face, on voit, au centre, les orbites (noir), et en bas, à droite et à gauche, les muscles des joues (jaune/vert). Les fosses nasales mènent l'air des narines vers les poumons. Elles font partie, avec les sinus frontaux, d'un réseau de cavités à l'intérieur du crâne. Sinus et fosses nasales réchauffent et humidifient l'air que l'on respire.

LE LARYNX
Le larynx, qui relie la gorge à la trachée, est l'organe dans lequel naissent les sons. Cette vue interne (à gauche) montre qu'il est constitué de plaques de cartilage (bleu). L'une d'elles ressort vers l'avant, surtout chez les hommes : c'est la pomme d'Adam. Quand on avale des aliments, l'épiglotte se rabat pour les empêcher de descendre dans la trachée.

Épiglotte
Pomme d'Adam
Cordes vocales

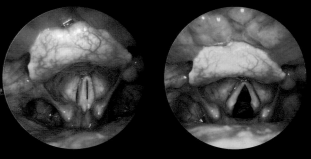

CORDES VOCALES FERMÉES   CORDES VOCALES OUVERTES

UNE CENTRALE ÉLECTRIQUE
À l'intérieur de chaque cellule du corps, ces petites mitochondries (ci-dessous) sont de vraies centrales électriques. Elles utilisent l'oxygène pour libérer l'énergie du glucose. La respiration fournit aux cellules la matière première dont elles ont besoin pour travailler. Privées d'oxygène, elles arrêtent de travailler et meurent. Le dioxyde de carbone, déchet de la respiration, est évacué des cellules par le sang.

LES CORDES VOCALES
Ces vues internes de la gorge montrent les cordes vocales qui traversent le larynx. Au repos, les cordes sont écartées. Pour produire un son, elles se rapprochent, et l'air des poumons en forçant le passage les fait vibrer. Les cordes très tendues produisent des sons aigus, les cordes plus lâches des sons plus graves. Les lèvres, les dents et la langue transforment ces sons en paroles compréhensibles.

Cartilage renforçant la trachée

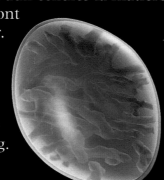

Les mitochondries sont la destination finale de l'oxygène respiré.

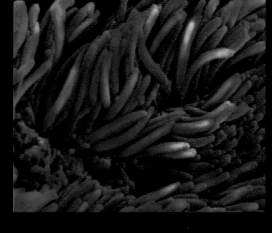

En passant dans les fosses nasales, l'air est réchauffé, humidifié et nettoyé.

Les narines contiennent des poils qui filtrent les poussières les plus grosses.

Gorge ou pharynx

L'épiglotte empêche les aliments de pénétrer dans les voies aériennes.

Le larynx produit les sons.

La trachée est renforcée par des anneaux de cartilage.

LES VOIES AÉRIENNES

L'appareil respiratoire est constitué de passages, les voies aériennes, qui se ramifient dans les poumons. L'air entre par les narines, des deux côtés de la fosse nasale. De là, il descend dans la gorge, ou pharynx, puis dans le larynx, où sont produits les sons qui nous permettent de communiquer. Sous le larynx, la trachée est renforcée par des morceaux de cartilage en forme de C qui l'empêchent de se refermer pendant la respiration. À son extrémité inférieure, la trachée se sépare en deux bronches, chacune débouchant dans un poumon.

On respire, en moyenne, 25 000 fois par jour.

Bronche

Le poumon est fait de ramifications des voies aériennes, les bronches.

Poumon droit

Le diaphragme est un muscle plat qui participe à la respiration.

41

LES POUMONS

LE SANG SE CHARGE D'OXYGÈNE et se débarrasse du dioxyde de carbone dans les poumons. De forme un peu conique, ceux-ci remplissent presque tout le thorax. Entourés des côtes, ils reposent sur le diaphragme, un muscle plat et bombé séparant le thorax de l'abdomen. Les poumons sont légers et spongieux car ils sont constitués d'un réseau de voies aériennes terminées par des petits sacs. L'ensemble de ces petits sacs constitue une surface importante à travers laquelle le maximum d'oxygène peut être transféré dans le sang dans un minimum de temps. Par la respiration, l'air des poumons est constamment régénéré et le dioxyde de carbone évacué.

L'ARBRE BRONCHIQUE

Les voies aériennes des poumons ressemblant à un arbre à l'envers, on leur a donné le nom d'arbre bronchique. Le « tronc », la trachée, se sépare en deux bronches – droite et gauche – par lesquelles l'air entre et sort de chaque poumon. Elles se divisent, elles aussi, en branches plus petites et en bronchioles.

Bronchiole terminale

Grappe d'alvéoles entourés de vaisseaux capillaires

RECONSTITUTION DES VOIES AÉRIENNES DANS LES POUMONS

LES SACS D'AIR

Pas plus grosses qu'un cheveu, les bronchioles terminales aboutissent à des groupes de sacs d'air ressemblant à des grappes de raisins, les alvéoles. Ceux-ci sont parcourus de vaisseaux capillaires, lesquels amènent dans les poumons le sang appauvri qui doit être rechargé en oxygène. Il y a environ 300 millions d'alvéoles dans les poumons.

ÉCHANGE GAZEUX

Cette vue au microscope de l'intérieur d'un poumon montre les alvéoles entourant un vaisseau capillaire chargé de globules rouges. La membrane entre le sang du vaisseau et l'air de l'alvéole est si mince que l'oxygène la traverse très facilement pour être emporté par le sang. Le dioxyde de carbone est évacué dans la direction opposée, pour être expiré.

L'air inspiré contient 21 % d'oxygène, tandis que l'air expiré en contient 16 %.

Le sang qui circule dans les ramifications des artères pulmonaires recueille l'oxygène des alvéoles.

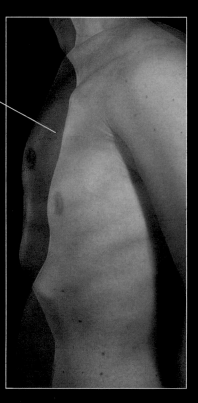

LE RÉSEAU SANGUIN

Le sang est amené aux poumons par les artères pulmonaires, les seules artères à transporter du sang appauvri en oxygène. Elles se divisent à l'intérieur des poumons pour former un réseau de vaisseaux capillaires autour des alvéoles. Le sang qui y circule se charge d'oxygène. Les capillaires fusionnent en veines pulmonaires – les seules veines à transporter du sang oxygéné – qui ramènent le sang au cœur.

Les bronches alimentant chaque poumon se divisent en tubes de plus en plus petits, les bronchioles.

Les côtes se déplacent vers l'avant et le haut pendant l'inspiration.

LA RESPIRATION

Pour inspirer, les muscles des côtes se contractent, les tirant en avant et vers le haut. En même temps, le diaphragme se contracte et s'aplatit. Ces mouvements augmentent l'espace contenu à l'intérieur du thorax et des poumons, et l'air est aspiré à l'intérieur. Pour expirer, c'est l'inverse : les muscles se relâchent, l'espace se réduit, l'air est expulsé des poumons.

NETTOYAGE

La toux dégage les bronches, la trachée ou le larynx des mucosités et autres éléments irritants. Après une profonde inspiration, les cordes vocales se ferment, et la pression d'air augmente dans les poumons. Avec l'ouverture soudaine des cordes vocales, un souffle d'air jaillit et dégage les voies.

OUCHE

ST L'ENTRÉE de l'appareil digestif.
olidement ancrées dans les os des
issent les aliments et les font entrer
, avec l'aide des lèvres. Les glandes
ettent à sécréter la salive. Les puissants
axillaires remontent la mâchoire
force pour que les dents réduisent
mpés de salive en bouillie. Les muscles
ntractent pour faire rester les aliments
pendant que la langue mélange
goûter. Une fois bien mâché,
aire », rond et
ussé par la langue
rêt à être avalé.

*Des gencives roses
recouvrent l'os de la
mâchoire et entourent
la dent comme un
col bien serré.*

entine

— Pulpe

PREMIÈRE POUSSE
Cette petite fille a des dents de lait.
Les premières sont apparues vers
l'âge de 6 mois et les dernières vers
l'âge de 2 ans. Elle en a 20 en tout.
Quand elle aura entre 6 et 12 ans,
elle perdra peu à peu ses dents de
lait, qui seront remplacées par de
nouvelles dents définitives.

L'INTÉRIEUR D'UNE DENT
Une couche protectrice d'émail dur recouvre la couronne
de cette molaire (à gauche). Sous l'émail, l'ivoire des
dents, la dentine, descend jusque dans la racine et
lui donne sa forme. Au centre, la pulpe renferme des
vaisseaux sanguins et des fibres nerveuses qui pénètrent
dans la dent par les étroits canaux de la racine pour
la nourrir et la sensibiliser.

*La forme de la couronne
– la partie blanche
dépassant de la gencive –
de cette incisive la destine
à couper les aliments.*

COUPE
D'UNE
OLAIRE

Canal dentaire

ine —

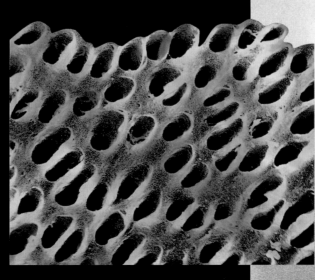

LA DENTINE
qui constitue
ent, ressemble
eaucoup plus
icroscope, elle
seau de petits
) conducteurs
nerveuses qui
s sensible aux
température
et au toucher.

JEU COMPLET
À la fin de l'adolescence, la plupart
des gens ont 32 dents, 16 à chaque
mâchoire, supérieure et inférieure.
Ce jeu complet comprend quatre types
de dents : devant, huit incisives coupantes
et quatre canines pointues pour mordre
et déchirer les aliments ; derrière, huit
prémolaires aplaties pour écraser ceux-ci,
et 12 molaires plus grosses et puissantes
pour les réduire en bouillie.

Chaque jour...
nos glandes salivaires
sécrètent plus d'un
litre de salive.

À l'intérieur de cette glande salivaire, certaines cellules sécrètent du mucus, les autres de l'eau et des enzymes.

L'émail des dents est la matière la plus solide du corps.

L'émail des dents ne contient pas de cellules ; s'il est abîmé, on le remplace par un amalgame.

DENT CARIÉE

Cette molaire (à gauche) a une carie. L'émail blanc a été rongé ; on aperçoit dessous la dentine. Les caries sont causées par la plaque, un mélange de bactéries et de restes d'aliments se formant sur les dents qui ne sont pas régulièrement brossées. Les bactéries se nourrissent de sucre, et sécrètent des acides qui rongent l'émail. La dent est alors sensible et fait mal.

USINES À SALIVE

Cette vue interne montre l'une des six glandes qui fabriquent et libèrent la salive dans la bouche. La salive humidifie les aliments, nettoie la bouche et dissout les substances pour en extraire le goût. Elle contient aussi des enzymes qui digèrent l'amidon, et un mucus visqueux qui colle les aliments et permet de les avaler.

Les dents de sagesse peuvent ne pas pousser ou faire mal : il faut alors les arracher.

Les canines agrippent et transpercent les aliments qui pénètrent dans la bouche.

45

LA DIGESTION

ESSENTIELLE À LA VIE, l'alimentation fournit au corps l'énergie et les éléments nécessaires pour grandir et se régénérer. Or pour la plupart, les aliments sont des mélanges de grosses molécules complexes inutilisables telles quelles. Une fois avalés, les aliments doivent être digérés ou pulvérisés en petites molécules simples comme le glucose ou les acides aminés. La digestion est accomplie par la mastication, le broyage des aliments et l'intervention de substances chimiques accélérant le processus, les enzymes. Une fois digérés, les aliments sont absorbés par le sang. Tout ce qui n'est pas digéré est évacué du corps.

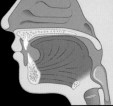

PHASE UN   PHASE DEUX

LA DÉGLUTITION

La déglutition (l'acte d'avaler) fait descendre le bol alimentaire dans l'estomac en deux temps. La langue pousse d'abord la nourriture mâchée (brun) au fond de la gorge. Puis un réflexe se déclenche à son contact, et une série de contractions musculaires la font glisser dans l'œsophage.

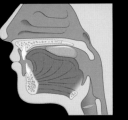

Les muscles se contractent ici pour pousser le bol alimentaire.

Les muscles se relâchent ici pour laisser le bol alimentaire glisser facilement.

UNE FORTE POUSSÉE

Le bol alimentaire avance dans l'œsophage et les autres parties du canal alimentaire grâce aux muscles de ces organes qui se contractent derrière chaque bouchée pour la pousser vers l'estomac. Ce phénomène s'appelle le péristaltisme.

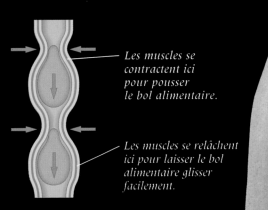

Glande salivaire

Dans une vie, on mange environ 30 tonnes d'aliments.

FOIE

ESTOMAC

GROS INTESTIN

L'APPAREIL DIGESTIF

L'appareil digestif se compose du canal alimentaire, un tube d'environ 9 mètres de long allant de la bouche à l'anus, en passant par l'œsophage, l'estomac, l'intestin grêle et le gros intestin. Il comprend également les dents, la langue, les glandes salivaires, le pancréas, le foie et la vésicule biliaire.

Intestin grêle

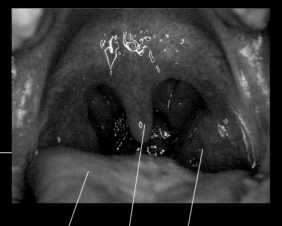

AU FOND DE LA GORGE

Cette photo montre ce que verrait le bol alimentaire juste avant d'être avalé. Elle montre aussi le muscle de la langue qui pousse les aliments mâchés vers la gorge (le pharynx) au fond de la bouche. La languette suspendue au milieu est la luette, partie molle du palais, qui se soulève au moment de la déglutition afin d'empêcher les aliments de remonter dans le nez. On voit aussi, de part et d'autre de la luette, les amygdales, qui font partie du système lymphatique et participent à la destruction des microbes.

Langue   *Luette*   *Amygdales*

L'ŒSOPHAGE

L'œsophage, appelé aussi gosier, ne joue aucun rôle dans la digestion. Ce tube de 25 centimètres de long est cependant indispensable pour acheminer la nourriture de la bouche à l'estomac. Poussé le long de l'œsophage par une série de contractions et lubrifié par un mucus gluant, le bol alimentaire descend. Le voyage de la bouche à l'estomac dure une dizaine de secondes.

Les cellules de la paroi interne de l'œsophage ont une surface plissée qui retient le mucus et permet au bol alimentaire de glisser en douceur.

LES SÉCRÉTIONS GASTRIQUES

Dès que le bol alimentaire arrive dans l'estomac, il est mélangé et broyé par les contractions musculaires de la paroi de l'estomac, et imprégné du suc gastrique s'échappant des orifices gastriques (à droite). Au fond de ceux-ci, les glandes gastriques produisent un suc contenant de l'acide chlorhydrique et un enzyme, la pepsine. Les cellules (bleu) de la paroi interne de l'estomac sécrètent du mucus pour éviter que le suc ne la digère elle aussi.

RECONSTITUTION D'UNE MOLÉCULE DE PEPSINE

Cette zone échancrée de l'enzyme est le « site actif » où les protéines se fixent avant d'être réduites en petites molécules.

LA CHIMIE DE LA DIGESTION

La pepsine (à gauche) est un enzyme (une substance chimique) contenu dans le suc gastrique que sécrète l'estomac au moment de l'arrivée du bol alimentaire. Elle travaille vite, dans un environnement très acide dû à la présence d'acide chlorhydrique dans le suc gastrique, pour briser les protéines en molécules encore plus petites, les peptides. L'acide chlorhydrique du suc gastrique détruit les bactéries.

Après la
déglutition,
chaque bouchée
atteint l'estomac
en 10 secondes.

CONTRÔLE DES FLUX
Des muscles en anneaux,
les sphincters, contrôlent
le flux des aliments qui
traversent l'appareil
digestif. Une fois qu'ils
ont été transformés en
bouillie par les muscles
de l'estomac, le sphincter
pylorique, à la sortie de
l'estomac, s'ouvre et les
éjecte dans le duodénum.

LUNDI 12 H
*Le bol
alimentaire
arrive broyé
et mâché dans
l'estomac.*

LUNDI 15 H
*Entre 2 à 4 heures
plus tard, les aliments
transformés en bouillie
épaisse quittent
l'estomac pour
l'intestin grêle.*

*Sphincter
pylorique
(départ de
l'intestin grêle)*

*Le sphincter
pylorique contrôle
le flux des aliments
à la sortie de l'estomac.*

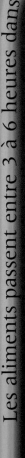

LES INTESTINS

En quittant l'estomac, les aliments traversent les trois parties de l'intestin grêle, puis passent dans le gros intestin. La première partie très courte, le duodénum, reçoit les aliments réduits en bouillie par l'estomac, la bile du foie et les sucs digestifs du pancréas. C'est là et dans la partie suivante, le jéjunum, que les aliments sont digérés par les enzymes. Enfin, dans la partie la plus longue, l'iléon, ils passent dans le sang via les parois de l'iléon. Tout ce qui n'est pas digéré va dans la partie la plus longue du gros intestin, le côlon, où l'eau est absorbée par les parois intestinales avant de passer dans le sang. Les déchets secs, les cellules mortes et les bactéries forment les matières fécales stockées dans le rectum jusqu'à leur évacuation, au moment de la défécation.

*Les enzymes du duodénum décomposent les
graisses, les hydrates de carbone et les protéines.*

Les aliments passent entre 3 à 6 heures dans l'intestin grêle.

DES POILS ABSORBANTS
Une forêt de poils minuscules, les villosités, tapisse l'intérieur de l'intestin grêle et lui donne une texture veloutée. Les enzymes dont les poils sont pourvus achèvent la décomposition des aliments en simples matières nutritives. Rapidement absorbées par les poils, ces dernières sont emmenées par le sang qui y circule.

L'INTESTIN GRÊLE
La radio ci-dessus montre les replis d'un intestin grêle sain (vert) remplissant un grand espace à l'intérieur de l'abdomen, et s'étendant de l'estomac (bleu, en haut à droite) au gros intestin (en bas à gauche). L'intestin grêle doit son nom à sa taille : il ne mesure que 2,5 centimètres de large, alors que le gros intestin en mesure 6,5.

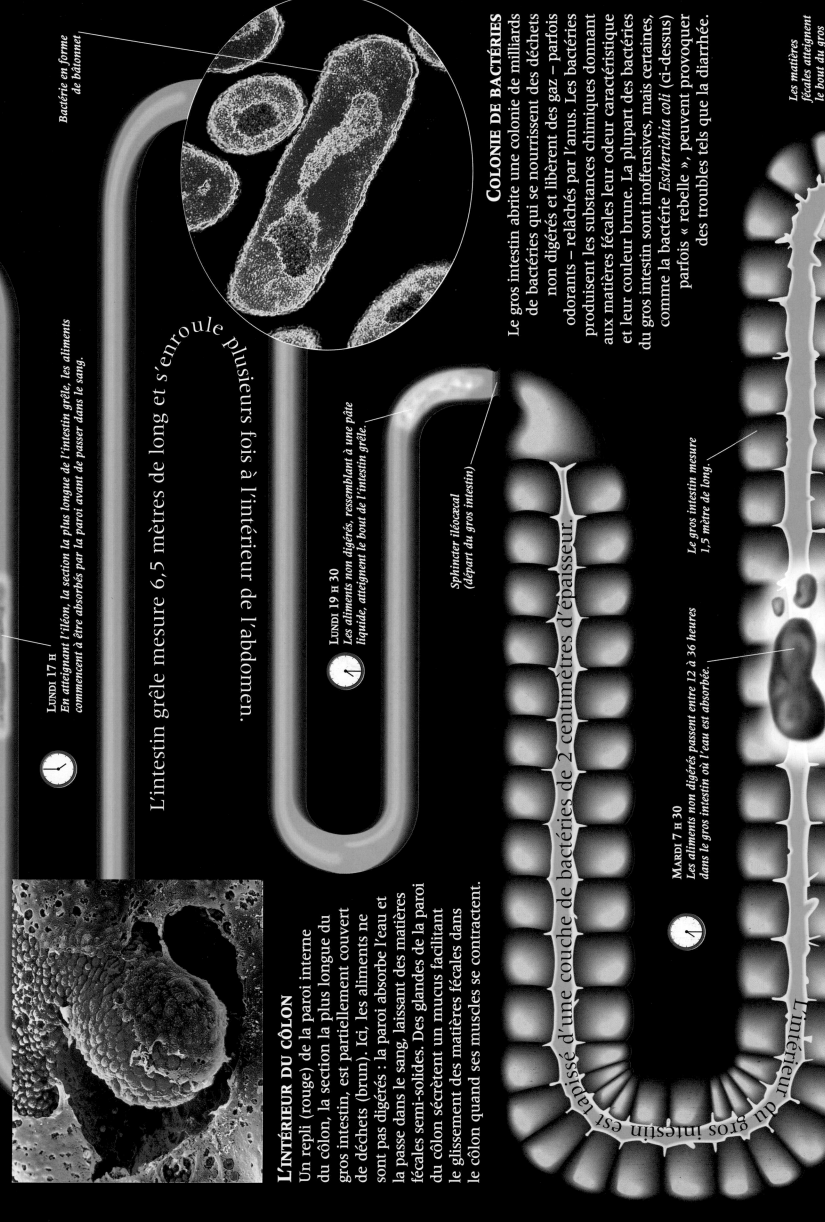

Bactérie en forme de bâtonnet.

LUNDI 17 H
En atteignant l'iléon, la section la plus longue de l'intestin grêle, les aliments commencent à être absorbés par la paroi avant de passer dans le sang.

L'intestin grêle mesure 6,5 mètres de long et s'enroule plusieurs fois à l'intérieur de l'abdomen.

COLONIE DE BACTÉRIES

Le gros intestin abrite une colonie de milliards de bactéries qui se nourrissent des déchets non digérés et libèrent des gaz – parfois odorants – relâchés par l'anus. Les bactéries produisent les substances chimiques donnant aux matières fécales leur odeur caractéristique et leur couleur brune. La plupart des bactéries du gros intestin sont inoffensives, mais certaines, comme la bactérie *Escherichia coli* (ci-dessus) parfois « rebelle », peuvent provoquer des troubles tels que la diarrhée.

Les matières fécales atteignent le bout du gros intestin, le rectum, de 17 à 46 heures après l'absorption des aliments.

LUNDI 19 H 30
Les aliments non digérés, ressemblant à une pâte liquide, atteignent le bout de l'intestin grêle.

Sphincter iléocæcal (départ du gros intestin)

Le gros intestin mesure 1,5 mètre de long.

L'intérieur du gros intestin est tapissé d'une couche de bactéries de 2 centimètres d'épaisseur.

MARDI 7 H 30
Les aliments non digérés passent entre 12 à 36 heures dans le gros intestin où l'eau est absorbée.

L'INTÉRIEUR DU CÔLON

Un repli (rouge) de la paroi interne du côlon, la section la plus longue du gros intestin, est partiellement couvert de déchets (brun). Ici, les aliments ne sont pas digérés : la paroi absorbe l'eau et la passe dans le sang, laissant des matières fécales semi-solides. Des glandes de la paroi du côlon sécrètent un mucus facilitant le glissement des matières fécales dans le côlon quand ses muscles se contractent.

L'intérieur du gros intestin

LE FOIE

PLUS GROS VISCÈRE et plus grosse usine interne du corps, le foie occupe presque toute la partie supérieure droite de l'abdomen. Il accomplit plus de 500 fonctions dont beaucoup sont liées à la digestion. Ses millions de cellules traitent sans arrêt le sang en provenance directe de l'intestin grêle afin de lui assurer une composition chimique toujours correcte. Les substances alimentaires dont le sang est chargé quand il arrive dans le foie sont ajustées avant qu'il ne reparte circuler dans le corps. Le foie stocke ou libère selon les besoins le glucose et les graisses ; il traite les acides aminés (qui fabriquent les protéines), stocke les vitamines et le fer, et produit un liquide, la bile, permettant de digérer les graisses. Ses autres fonctions incluent la décomposition des poisons, ainsi que la destruction des hormones une fois qu'elles ont accompli leur travail.

Les veines hépatiques vident le sang transformé dans la veine cave inférieure, qui le ramène au cœur.

RECONSTITUTION DU RÉSEAU DES VAISSEAUX SANGUINS DANS LE FOIE

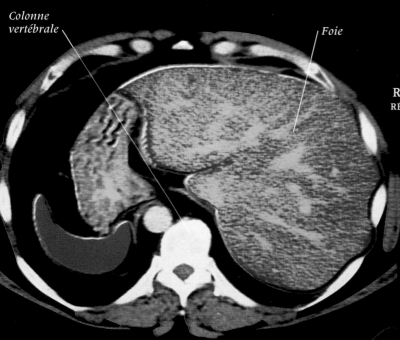

Colonne vertébrale

Foie

UNE TRANCHE DE FOIE
« Découpée » ici au scanner, la partie supérieure de l'abdomen révèle la place importante occupée par le foie. À côté, on voit l'estomac (vert) et la rate (rose). Cette dernière fait partie du système lymphatique, qui contient les globules blancs combattant les maladies et filtre les globules usés.

LES VAISSEAUX DU FOIE
Cette image révèle le réseau extrêmement dense des vaisseaux sanguins irriguant les cellules du foie. La veine porte (bleu pâle) amène de l'intestin grêle le sang chargé de nourriture, tandis que l'artère hépatique (rouge) amène du cœur le sang oxygéné. Ces deux sangs se mélangent dans des canaux appelés les sinusoïdes. En partant du foie, le sang se jette dans la veine cave inférieure, cette grosse veine qui renvoie au cœur le sang de la partie inférieure du corps.

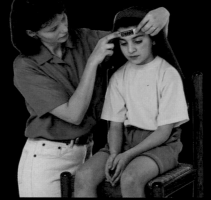

LE CHAUFFAGE DU SANG
Les milliers de réactions chimiques ayant lieu à l'intérieur du foie produisent de la chaleur. Ainsi, le sang se réchauffe dans le foie et permet ensuite au corps de maintenir une température constante de 37 °C, que l'on peut mesurer à l'aide d'un thermomètre frontal comme celui-ci. Trop haute ou trop basse, la température est un signe de maladie.

Globules rouges circulant dans les sinusoïdes

NETTOYAGE

À l'intérieur du foie, des millions de cellules appelées hépatocytes (brun) sont disposées régulièrement autour de canaux sanguins, les sinusoïdes (bleu). Ceux-ci transportent le sang chargé de nourriture venant de l'intestin grêle et le sang oxygéné venant du cœur. Quand ce sang passe dans les sinusoïdes, les hépatocytes absorbent et relâchent des substances ; ils libèrent aussi de la bile dans de minuscules canaux biliaires (vert). D'autres cellules évacuent les débris, les cellules usées, les microbes. Après son passage dans le foie, le sang est tout propre.

UN SAC DE BILE

Placée derrière le foie, la vésicule biliaire est un sac musculaire qui stocke la bile, ce liquide verdâtre fabriqué par le foie. C'est un mélange de sels – utilisés dans la digestion – et de résidus. Un canal relié au duodénum l'amène à la vésicule biliaire. Pendant la digestion, la vésicule lâche de la bile dans le duodénum. Les sels transforment les graisses en gouttelettes que les enzymes peuvent alors assimiler facilement et rapidement.

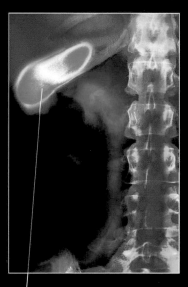

Vue aux rayons X de la vésicule biliaire, à côté de la colonne vertébrale

La vésicule biliaire, sous le foie, stocke la bile produite par les cellules du foie.

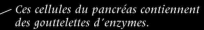

Ces cellules du pancréas contiennent des gouttelettes d'enzymes.

LE PANCRÉAS

Le pancréas a deux fonctions distinctes : 99 % de ses cellules fabriquent des enzymes, le 1 % restant des hormones. Relâchés dans le canal pancréatique qui débouche dans le duodénum, les enzymes participent à la digestion des aliments. Cette image (à gauche) montre les cellules du pancréas contenant des gouttelettes d'enzymes. Les hormones du pancréas, l'insuline et le glucagon, permettent de contrôler le niveau du glucose.

51

L'APPAREIL URINAIRE

AU COURS DE SON CIRCUIT AUTOUR DU CORPS, le sang est contrôlé et nettoyé par les deux reins. D'abord, les reins extraient l'excédent d'eau du sang afin que son volume ne change pas. Le pourcentage d'eau dans le sang est donc constant : environ 52 % chez une femme jeune, et 60 % chez un homme jeune. Ensuite, les reins filtrent les déchets dont le sang s'est chargé en faisant le tour du corps, en particulier l'urée, qui serait toxique si elle s'y accumulait. Le mélange qui en résulte – 95 % d'eau et 5 % de déchets dissous – s'appelle l'urine. Celle-ci est évacuée du corps par les uretères, la vessie et l'urètre qui, avec les deux reins, constituent l'appareil urinaire. On comprend l'importance des reins quand on sait que la totalité du sang du corps les traverse toutes les quatre minutes.

L'urine sort du rein par l'uretère.

RADIOGRAPHIE
DE L'ABDOMEN
MONTRANT
L'APPAREIL URINAIRE

GREFFE DE REIN

Parfois, à cause d'une blessure ou d'une maladie, les reins n'arrivent plus à remplir leur tâche correctement, et les déchets toxiques s'accumulent dans le sang. Dans ce cas, les chirurgiens peuvent prélever un rein en bon état – sur un donneur vivant, ou qui vient juste de mourir – et le rattacher au réseau sanguin du malade. Cette opération s'appelle une greffe de rein. On peut très bien vivre avec un seul rein.

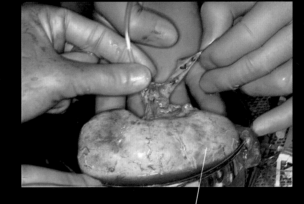

Préparation d'un rein sain pour une greffe

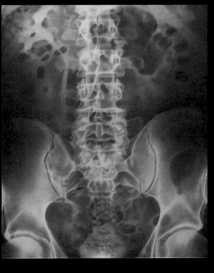

VESSIE VIDE

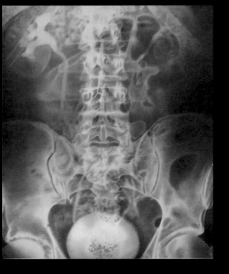

VESSIE PLEINE

La vessie reçoit l'urine et la stocke jusqu'à ce qu'elle soit libérée dans l'urètre et évacuée du corps.

ÉVACUATION DES DÉCHETS

Comme on le voit sur ces radiographies, la vessie se dilate beaucoup pour stocker l'urine. Quand elle se remplit, des capteurs situés sur sa paroi envoient des signaux au cerveau. Celui-ci déclenche l'envie d'uriner. La sortie de la vessie est fermée par un muscle en anneau, ou sphincter. Quand on va aux toilettes, on relâche ce muscle, et l'urine comprimée par les muscles de la paroi de la vessie peut alors s'écouler le long de l'urètre.

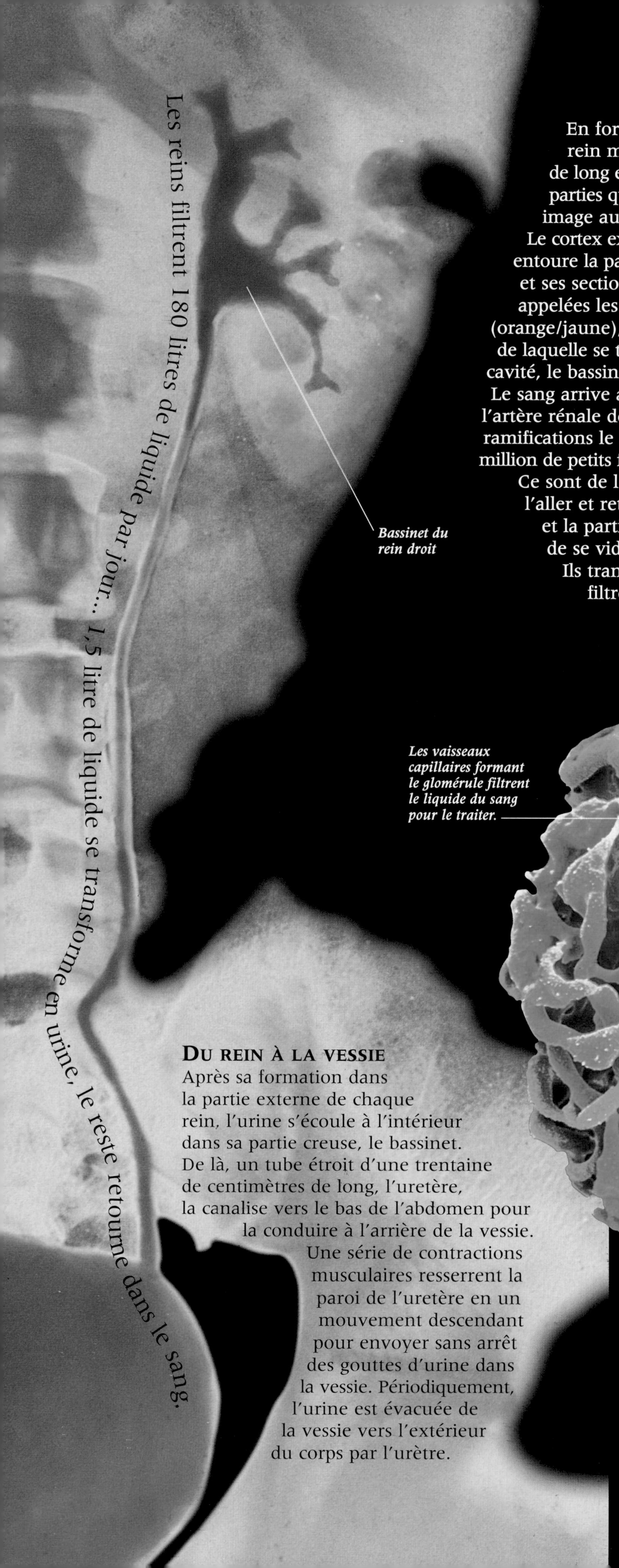

Les reins filtrent 180 litres de liquide par jour... 1,5 litre de liquide se transforme en urine, le reste retourne dans le sang.

Bassinet du rein droit

L'INTÉRIEUR DU REIN

En forme de haricot, chaque rein mesure 12 centimètres de long et se compose de trois parties que l'on voit sur cette image au scanner (à droite). Le cortex extérieur (bleu/jaune) entoure la partie médullaire et ses sections coniques appelées les pyramides (orange/jaune), au centre de laquelle se trouve une cavité, le bassinet (rouge). Le sang arrive au rein par l'artère rénale dont les nombreuses ramifications le conduisent vers un million de petits filtres, les néphrons. Ce sont de longs tubes qui font l'aller et retour entre le cortex et la partie médullaire avant de se vider dans le bassinet. Ils transforment le liquide filtré du sang en urine.

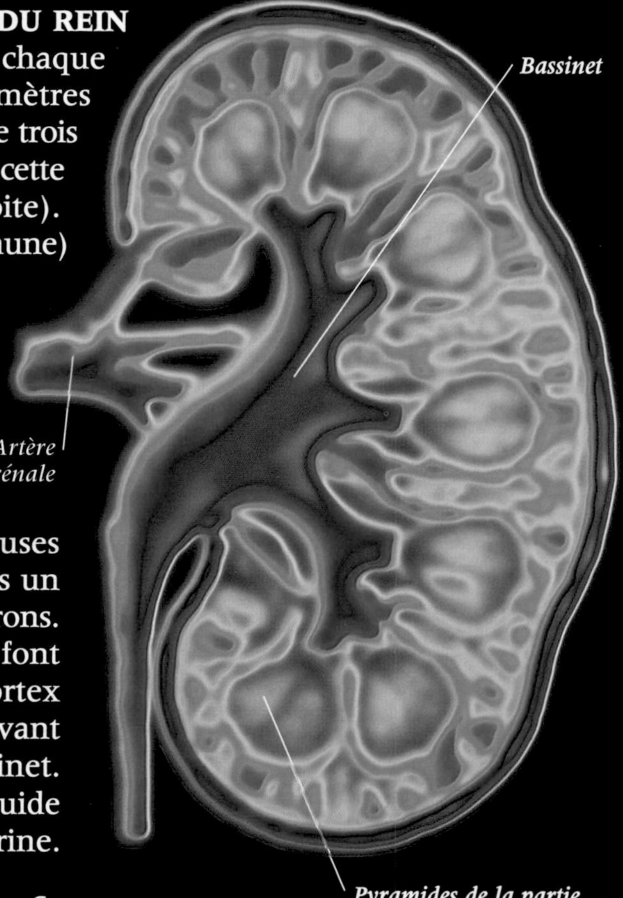

Bassinet

Artère rénale

COUPE DU REIN

Pyramides de la partie médullaire du rein

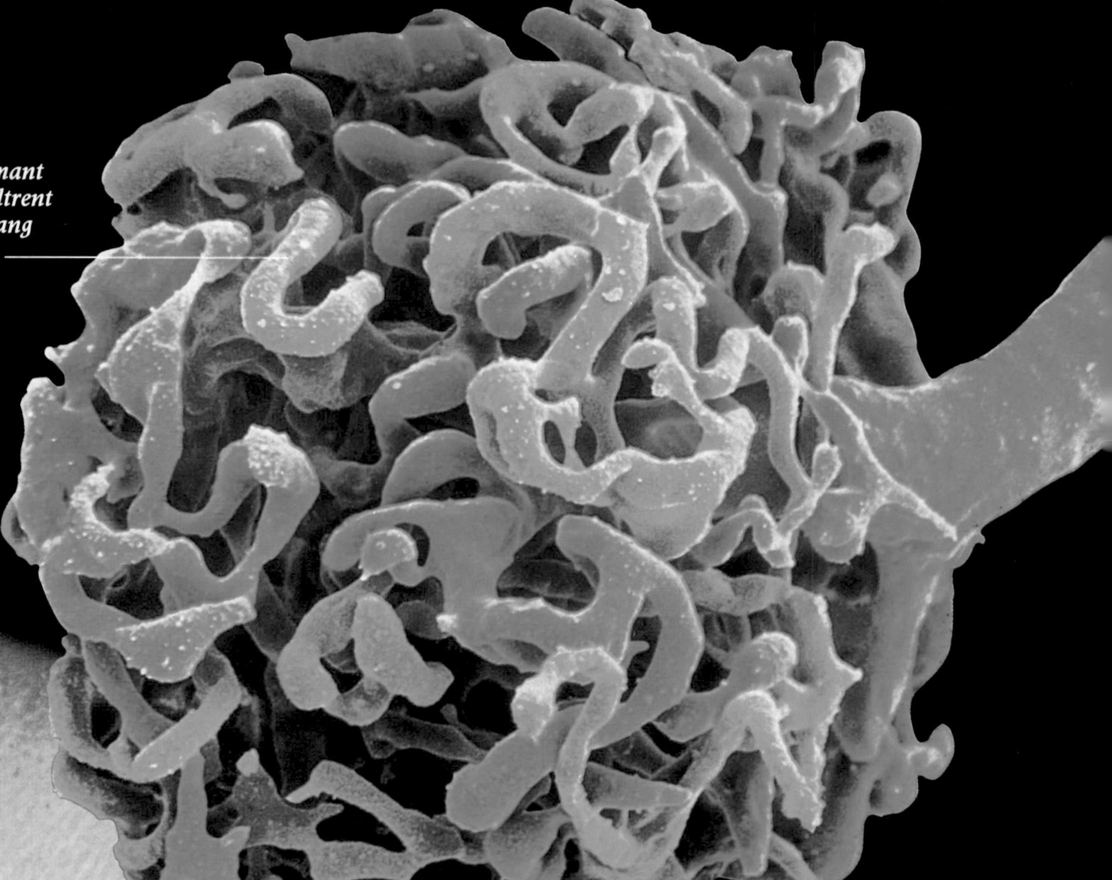

Les vaisseaux capillaires formant le glomérule filtrent le liquide du sang pour le traiter.

DU REIN À LA VESSIE

Après sa formation dans la partie externe de chaque rein, l'urine s'écoule à l'intérieur dans sa partie creuse, le bassinet. De là, un tube étroit d'une trentaine de centimètres de long, l'uretère, la canalise vers le bas de l'abdomen pour la conduire à l'arrière de la vessie. Une série de contractions musculaires resserrent la paroi de l'uretère en un mouvement descendant pour envoyer sans arrêt des gouttes d'urine dans la vessie. Périodiquement, l'urine est évacuée de la vessie vers l'extérieur du corps par l'urètre.

GLOMÉRULE DU REIN

FILTRAGE

Chaque filtre du rein, ou néphron, possède un amas serré de vaisseaux capillaires, le glomérule (ci-dessus), et un tube très fin, le tubule rénal. La forte pression du sang force le liquide à sortir de l'amas, à traverser les parois des vaisseaux et à s'infiltrer dans le tube. C'est là que le liquide se sépare des substances utiles qui retournent dans le sang, comme le glucose, et d'une partie de l'eau. Le reste forme l'urine.

53

LA REPRODUCTION

COMME TOUS LES AUTRES ORGANISMES VIVANTS, les êtres humains ont besoin de se reproduire pour assurer la continuité de leur espèce. Les bébés sont le résultat de la reproduction sexuelle, c'est-à-dire la réunion de cellules sexuelles fabriquées par l'appareil génital. C'est le seul système du corps qui diffère entre l'homme et la femme. L'appareil génital féminin est principalement formé par les ovaires, l'utérus et le vagin. À la naissance, les ovaires des filles contiennent déjà une réserve de cellules sexuelles, les ovules, suffisante pour toute la vie. Les deux testicules de l'appareil génital masculin fabriquent les cellules sexuelles, les spermatozoïdes, libérées par le pénis. Un spermatozoïde est 50 fois plus petit qu'un ovule. Ces deux systèmes de reproduction ne fonctionnent qu'à partir de la puberté, au début de l'adolescence. Les ovaires libèrent régulièrement un ovule par mois pendant un certain temps. Les testicules produisent toute la vie des millions de spermatozoïdes par jour.

L'APPAREIL GÉNITAL FÉMININ

Les deux ovaires produisent et libèrent des œufs, les ovules, qui descendent par les trompes de Fallope jusqu'à l'utérus aux parois épaisses. C'est à l'intérieur de l'utérus que le bébé se développe au cours de la grossesse. L'utérus s'ouvre vers l'extérieur par le vagin qui permet aux spermatozoïdes de pénétrer dans l'appareil génital de la femme.

Ovaire

Trompe de Fallope

Utérus　*Vagin*

L'APPAREIL GÉNITAL MASCULIN

Deux testicules en forme d'œuf produisent les spermatozoïdes. Ils sont reliés par les canaux éjaculateurs à l'urètre qui libère à la fois le sperme et l'urine par le pénis. La production des spermatozoïdes a besoin d'une température inférieure à celle du corps, raison pour laquelle les testicules sont détachés du corps.

Prostate

Pénis

Testicule

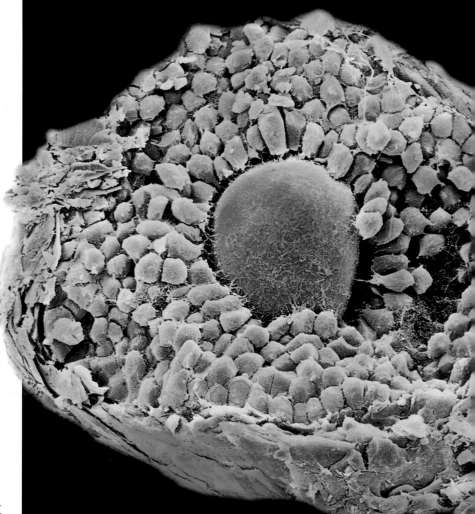

LA MATURATION DES OVULES

Les ovaires contiennent des ovules enfermés chacun dans un petit « sac », appelé follicule (ci-dessus). Chaque mois, quelques-uns grossissent. À l'intérieur, l'ovule (rose) mûrit tandis que les cellules folliculaires qui l'entourent (bleu) le protègent et le nourrissent. Finalement, un follicule grossit plus que les autres, s'ouvre et libère son ovule mûr.

Spermatozoïde en formation à l'intérieur du tube séminifère

LA PRODUCTION DES SPERMATOZOÏDES

Les spermatozoïdes sont fabriqués à l'intérieur de petits tubes appelés tubes séminifères lovés dans chaque testicule. Cette vue interne d'un tube (ci-dessus) montre une volute de spermatozoïdes (bleu) nourris par les cellules de sa paroi. Les deux testicules en produisent plus de 300 millions par jour.

DE L'OVAIRE À L'UTÉRUS

L'ovule libéré chaque mois est transporté de l'ovaire à l'utérus par l'une des deux trompes de Fallope. L'intérieur des trompes – pas plus larges qu'un spaghetti – est tapissé de cils. À la différence des spermatozoïdes, les ovules ne peuvent pas se déplacer tout seuls. Les cils « ondulent » donc en rythme pour les faire avancer lentement vers l'utérus.

Les cils poussent l'ovule vers l'utérus.

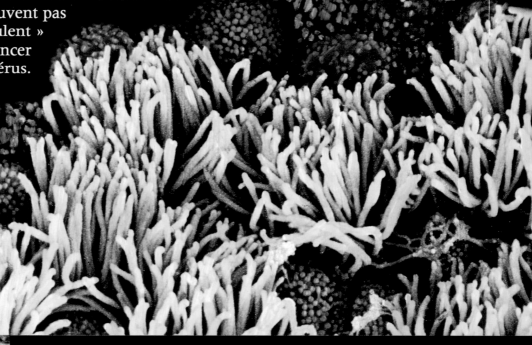

La paroi folliculaire contient les cellules qui nourrissent l'ovule.

L'OVULATION

Le renflement à la surface de cet ovaire (à gauche) est provoqué par un follicule contenant un ovule arrivé à maturation. Un peu de liquide folliculaire (bleu) fuit déjà, signe que le follicule va bientôt s'ouvrir pour libérer l'ovule : c'est l'ovulation. L'ovule va alors être recueilli par l'extrémité en entonnoir de la trompe de Fallope qui va le faire descendre vers l'utérus.

MOBILITÉ

Les spermatozoïdes sont parfaitement adaptés pour nager et trouver l'ovule à féconder : légers et bien profilés, ils ont une tête ronde et aplatie contenant un tas d'informations génétiques, et une longue queue, le flagelle, dont les coups de fouet les propulsent à la vitesse de 4 millimètres par minute.

Cette zone du flagelle fournit l'énergie nécessaire au mouvement.

Spermatozoïde immature

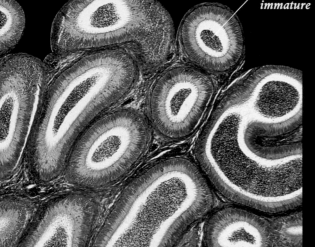

RÉSERVE DE SPERMATOZOÏDES

Le long du bord supérieur de chaque testicule, un tube en forme de virgule, l'épididyme, est étroitement enroulé. C'est là que les spermatozoïdes immatures (rose) arrivent des testicules. Si on le déroulait, ce tube mesurerait plus de 6 mètres de long. Au bout de 20 jours passés là, les spermatozoïdes sont matures et capables de bouger.

LA FÉCONDATION ET LA GROSSESSE

Spermatozoïdes essayant de pénétrer dans un ovule

LA NAISSANCE MARQUE la fin de la grossesse, période de 39 semaines environ suivant le moment où les parents ont conçu un bébé lors d'un rapport sexuel. Pendant cet acte, l'homme libère des centaines de millions de spermatozoïdes à l'intérieur de la femme en introduisant son pénis dans le vagin de celle-ci. Les spermatozoïdes traversent l'utérus en nageant vers l'ovule qui se trouve dans la trompe de Fallope, le canal reliant l'ovaire à l'utérus. Chaque ovaire a une trompe de Fallope. Quelques centaines de spermatozoïdes seulement arriveront à approcher l'ovule. Et parmi eux, un seul le fécondera. La fécondation est l'union des gènes de la mère et du père. Ensemble, ces gènes donneront les instructions nécessaires pour créer un nouvel être humain. Au bout d'une semaine passée dans la trompe de Fallope, l'ovule fécondé se fixe sur la paroi interne de l'utérus où il se développe pour devenir un bébé.

EN COMPÉTITION

Des centaines de spermatozoïdes (vert) ondulent autour d'un ovule (rouge). Un seul traversera la membrane qui l'entoure et y perdra son flagelle. Immédiatement, des modifications chimiques à l'intérieur de l'ovule en interdiront l'entrée aux autres. Le noyau du spermatozoïde fusionnera alors avec celui de l'ovule qui sera ainsi fécondé.

INSTALLATION DANS L'UTÉRUS

Cinq jours après la fécondation, l'ovule a atteint le bout de la trompe de Fallope et s'est divisé plusieurs fois pour se transformer en une sphère de cellules, creuse en son centre, le blastocyte. Lorsque le blastocyte arrive dans l'utérus, il perd la membrane (ci-dessous) qui entourait l'ovule au moment de sa sortie de l'ovaire. Le lendemain, il s'installe dans la paroi tendre de l'utérus. Ici, ses cellules extérieures forment une partie du placenta, l'organe qui relie le sang de la mère à celui du bébé. Les cellules intérieures se développent en embryon.

Œil en formation

Le cordon ombilical relie l'embryon au placenta dans l'utérus de la mère.

Blastocyte

BLASTOCYTE PERDANT SON ENVELOPPE

LES PREMIÈRES SEMAINES

Quatre semaines après la fécondation, les divisions successives des cellules transforment l'ovule en un embryon de la taille d'un pépin de pomme. Ses millions de cellules commencent à former des organes, comme le foie et les poumons. Le cœur bat déjà, et le réseau des vaisseaux sanguins s'étend. Un simple cerveau est en place et le reste du système nerveux se développe. Des bourgeons de bras et de jambes apparaissent.

Le cordon ombilical achemine le sang qui alimente et oxygène le fœtus.

Le fœtus s'est retourné, la tête en bas.

Le poids d'un fœtus augmente 3 000 fois en 7 mois : de 1 gramme, à 8 semaines, à 3 kilogrammes, au moment de la naissance.

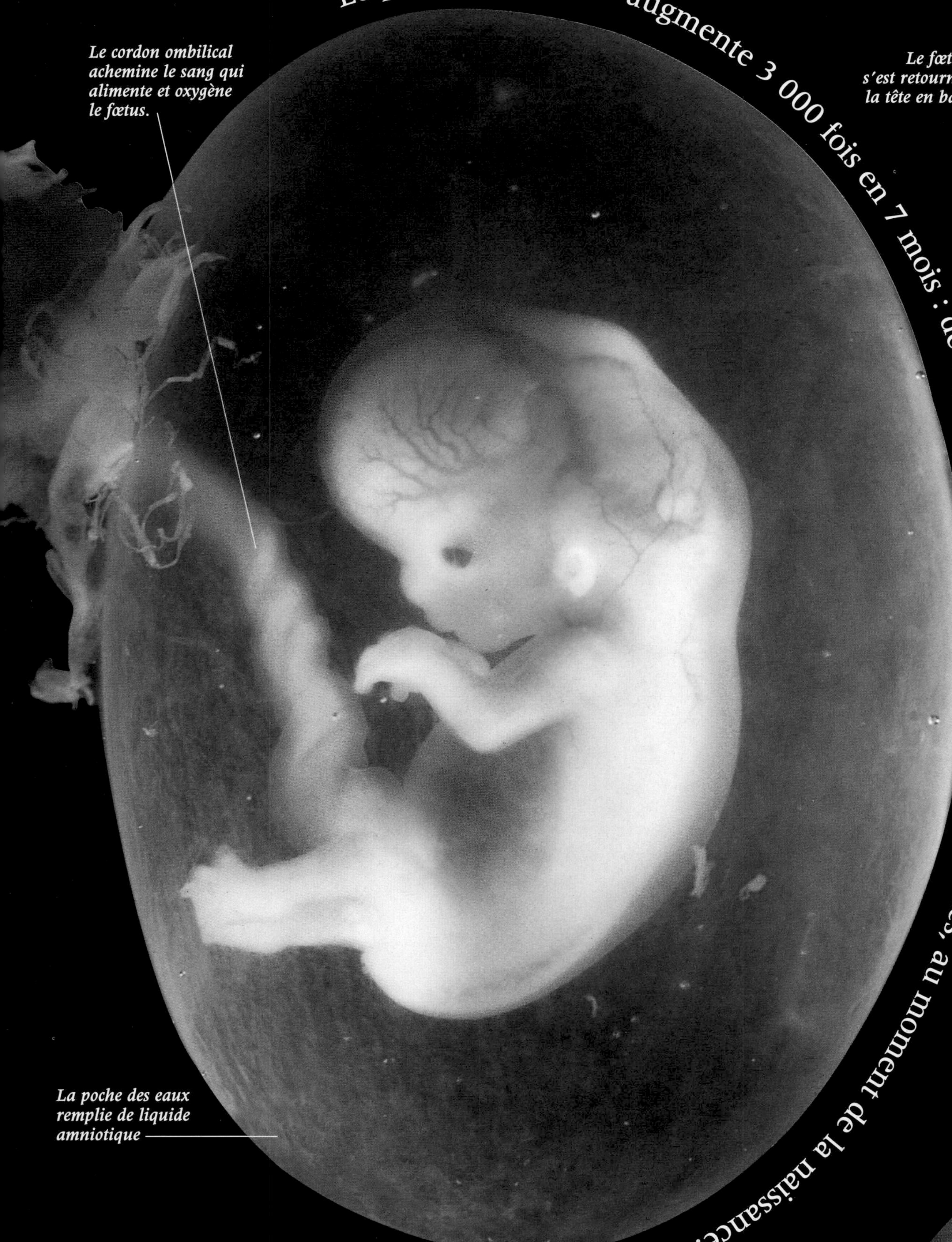

La poche des eaux remplie de liquide amniotique

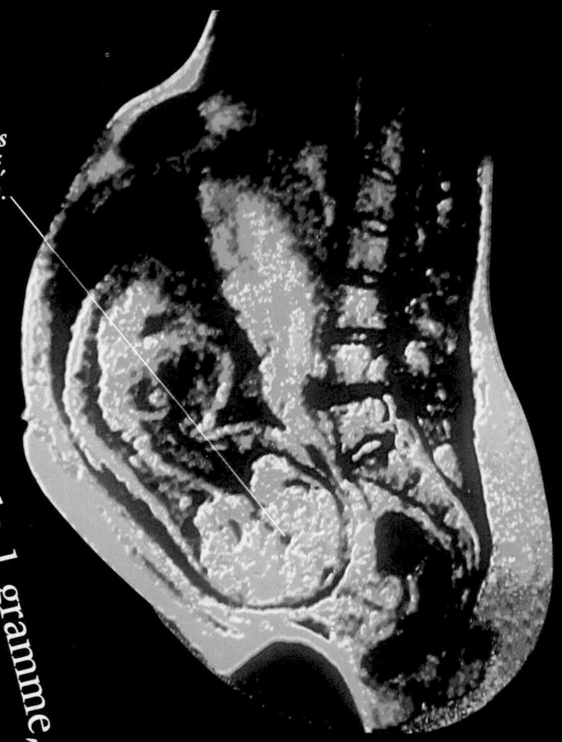

À TERME

Environ 39 semaines après la fécondation, le fœtus est arrivé « à terme », prêt à naître. Il peut entendre, goûter, réagir à la lumière ; sa mère le sent bouger et donner des coups de pied. Cette image au scanner (ci-dessus) montre un fœtus à terme dans l'utérus de sa mère, dont le ventre s'est dilaté pour lui faire de la place. Le fœtus s'est retourné pour pouvoir naître la tête la première.

DÉVELOPPEMENT DU FŒTUS

Huit semaines après la fécondation, l'embryon gros comme une fraise a une apparence humaine. C'est un fœtus. Les principaux organes sont en place, ses bras et jambes bien visibles. Le nez, les lèvres, les oreilles et les paupières apparaissent. Le visage prend forme. Au chaud, dans le noir, le fœtus flotte au milieu du liquide amniotique qui le protège des chocs et secousses.

Une pince stoppe le saignement du cordon ombilical

LA NAISSANCE

Quand la grossesse arrive à son terme, la paroi musculaire de l'utérus se contracte pour faire sortir le bébé, généralement la tête la première, par le vagin. Dès qu'il émerge à la lumière et au bruit du monde extérieur, le nouveau-né respire pour la première fois. Après avoir pincé et coupé le cordon ombilical, le médecin vérifie que le bébé est en bonne santé.

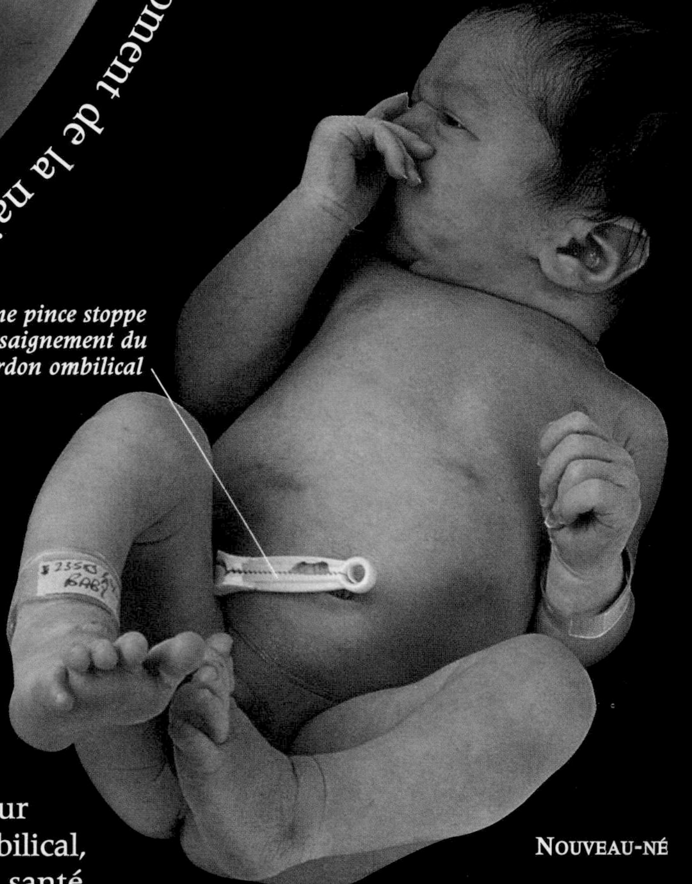

NOUVEAU-NÉ

57

LES GÈNES ET LES CHROMOSOMES

À L'INTÉRIEUR DU NOYAU DE CHAQUE CELLULE, un ensemble d'instructions contrôle non seulement ce qui se produit à l'intérieur de la cellule, mais également l'apparence du corps et ce qu'il fait. Cette « bibliothèque » se présente sous la forme de molécules d'ADN. Ses « livres » sont de courts segments d'ADN, les gènes. Chaque gène contient un message codé contrôlant un caractère particulier. L'ADN d'une cellule est « rangé » en 23 paires de chromosomes. Dans chaque paire, un chromosome vient de la mère et l'autre du père. Chaque paire partage le même jeu de gènes, mais peut en avoir des versions légèrement différentes : certains sont inactifs, comme par exemple dans le cas de la couleur des yeux où le gène « yeux marron » domine le gène « yeux bleus » et rend celui-ci inactif.

LA RÉPLICATION DE L'ADN

Chaque chromosome contient une partie de l'ADN d'une cellule. Quand une cellule se divise, l'ADN s'enroule étroitement, et le chromosome prend cette forme (à gauche) ; ses deux branches identiques se forment au moment où l'ADN se copie lui-même, en une réplique exacte. Puis les chromosomes se dédoublent afin que chaque cellule fille reçoive des informations identiques.

Le chromosome a deux branches identiques, appelées chromatides, réunies au milieu.

« *Colonne vertébrale* » *de l'un des brins de la molécule d'ADN*

RECONSTITUTION
D'UNE MOLÉCULE D'ADN

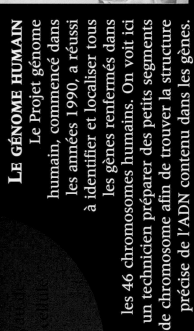

LE GÉNOME HUMAIN

Le Projet génome humain, commencé dans les années 1990, a réussi à identifier et localiser tous les gènes renfermés dans les 46 chromosomes humains. On voit ici un technicien préparer des petits segments de chromosome afin de trouver la structure précise de l'ADN contenu dans les gènes.

Tête du second jumeau

Tête du premier jumeau

LES JUMEAUX

Grâce aux ultrasons, le fœtus peut être observé en toute sécurité dans l'utérus de sa mère. Sur cette échographie, on peut voir des fœtus jumeaux. Les vrais jumeaux sont issus de la division en deux d'un ovule fertilisé. Ils partagent les mêmes gènes et sont forcément du même sexe. Les faux jumeaux, issus de deux ovules fertilisés, ne partagent pas des gènes identiques et ne sont donc pas obligatoirement du même sexe.

LA TRANSMISSION DES GÈNES

Au cours de la fécondation, les chromosomes des ovules et ceux des spermatozoïdes se mélangent. Ils peuvent contenir des versions différentes des mêmes gènes. Ainsi, la nouvelle combinaison fait que l'enfant peut partager des traits communs avec son père, sa mère, ou les deux, mais qu'il a aussi ses propres caractéristiques, uniques.

Paire de chromosomes n° 20

Lien entre les paires de bases de chaque brin d'ADN

Paire de chromosomes n° 9

LA MOLÉCULE DE VIE

L'ADN (acide désoxyribonucléique) est le stock d'informations de la cellule. Chaque molécule d'ADN se compose de deux longs brins enroulés formant une structure dite en double hélice. La « colonne vertébrale » de chaque brin est faite de sucre et de molécules de phosphate (bleu clair). À l'intérieur, les bases (les sphères) sont associées par paires avec celles du brin opposé, comme les barreaux d'une échelle. La séquence précise des paires de bases sur un segment d'ADN (le gène) fournit une seule des informations nécessaires à la création et à la vie d'une cellule.

On voit 8 paires de bases sur ce brin d'ADN... chaque cellule humaine en contient 3 millions.

Chromosomes X et Y

UN JEU COMPLET

On voit ci-dessous l'ensemble des 46 chromosomes d'une cellule du corps d'un homme. Ils ont été photographiés, puis disposés par paires, par taille, et numérotés de 1 à 22. La 23e paire – appelée XY chez les hommes et XX chez les femmes – détermine le sexe.

GRANDIR ET VIEILLIR

AU COURS DE SA VIE, le corps humain suit un schéma inévitable de croissance dans ses premières années, et de déclin dans les dernières. La croissance, rapide au cours de la première année, se poursuit régulièrement pendant l'enfance, s'accélère à nouveau au début de l'adolescence, puis s'arrête. Au fur et à mesure que le corps grandit, la tête devient plus petite par rapport au reste du corps, les bras et les jambes s'allongent, et le visage change de forme. Entre 9 et 14 ans commence le processus de l'adolescence. Les enfants se transforment en adultes. Le comportement et la mentalité des garçons et des filles se modifient. La puberté marque le début de l'activité du système de reproduction et l'apparition de traits adultes tels que la poitrine chez les filles et la barbe chez les garçons. La croissance s'arrête à la fin de l'adolescence ; l'âge adulte commence. Beaucoup plus tard, des signes de vieillissement commencent à se manifester : la peau se ride, les cheveux blanchissent.

LES FILLES
Chez les filles, la puberté commence en général entre 9 et 13 ans, et dure environ 3 ans. Les filles grandissent tout d'un coup et sont provisoirement plus grandes que les garçons du même âge. Leurs seins se développent, leurs hanches s'élargissent, leur corps devient celui d'une femme et leur système de reproduction se « met en marche ».

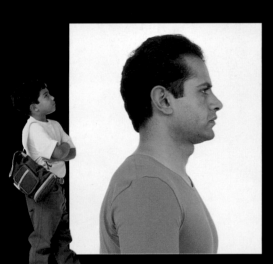

LES GARÇONS
Les garçons commencent en général leur puberté entre 10 et 14 ans. Ils ont soudain une poussée de croissance ; les premiers poils apparaissent sur le visage, le corps, le pubis et sous les aisselles. Dès que le système de reproduction fonctionne, les testicules fabriquent des spermatozoïdes. Le larynx s'élargit – la pomme d'Adam ressort (ci-dessus) – et la voix mue avant de devenir plus grave. Les muscles et les épaules se développent.

LE DÉVELOPPEMENT DES OS
Le processus d'ossification démarre dans le ventre maternel et se poursuit jusqu'aux dernières années de l'adolescence. Il consiste à remplacer le cartilage souple par de l'os. Sur ces radiographies, on voit les os (en violet et blanc) mais pas les cartilages. Les mains du bébé et de l'enfant présentent des « vides » là où il y a encore du cartilage. Vers 13 ans, l'ossification s'est généralisée mais pas terminée, en particulier dans les mains. À 20 ans, la croissance des os est achevée.

L'os du doigt s'allonge.

Les « os » des poignets, en cartilage, ne sont pas encore visibles.

RADIOGRAPHIE DE LA MAIN D'UN ENFANT DE 1 AN (À GAUCHE) ET DE 3 ANS (À DROITE)

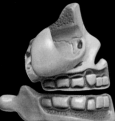

MÂCHOIRES
ET DENTS
D'UN BÉBÉ

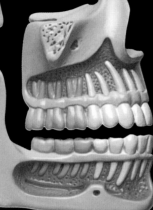

MÂCHOIRES
ET DENTS
D'UN ADULTE

ARTÈRES BOUCHÉES

Avec l'âge, des dépôts de graisse peuvent s'accumuler à l'intérieur des artères et provoquer la formation d'un caillot de sang appelé thrombus. Cette artère coronaire (à droite), qui amène le sang à la paroi musculaire du cœur, est bouchée à 30 % par un caillot (rouge). Si le sang ne peut plus circuler, le muscle cardiaque manque d'oxygène, et c'est l'infarctus.

LA CROISSANCE DES MÂCHOIRES

À la naissance, les mâchoires du bébé sont très petites par rapport à la taille de son crâne, et ses dents de lait sont encore sous les gencives. Au cours de l'enfance, les mâchoires se développent tellement qu'elles modifient la forme et l'aspect du visage. Des dents permanentes, plus grandes, remplacent les dents de lait et occupent tout l'espace des mâchoires.

OS FRAGILES

En vieillissant, le renouvellement cellulaire osseux est moins actif : les os deviennent moins denses, moins solides, et risquent de se briser plus facilement. Cet état de fragilité, plus grave chez la femme que chez l'homme, s'appelle l'ostéoporose. Cette radiographie montre des vertèbres (orange) écrasées par le simple poids du corps chez une personne souffrant d'ostéoporose.

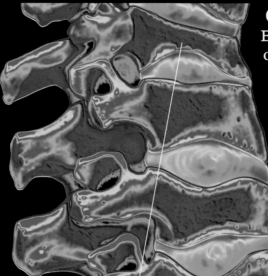

La vertèbre est écrasée par le poids du corps.

Cette bande de cartilage entre la tête et le corps de l'os permet à ce dernier de s'allonger pendant la croissance.

À 20 ans, les os de la main ont fini de grandir.

RADIOGRAPHIE DE LA MAIN
D'UN ADOLESCENT DE 13 ANS (À GAUCHE)
ET D'UN ADULTE DE 20 ANS (À DROITE)

À SAVOIR

LES PRINCIPALES DÉCOUVERTES MÉDICALES

vers 420 avant J.-C. Hippocrate, médecin grec, enseigne la science de l'observation et du diagnostic en médecine.

vers 128 avant J.-C. Ibn an-Nafis, médecin arabe, démontre que le sang traverse les poumons.

vers 190 avant J.-C. Galien, médecin grec, décrit – en se trompant souvent – le fonctionnement du corps. Ses idées sont encore suivies au xvie siècle.

1543 Premier traité d'anatomie humaine publié par l'anatomiste belge André Vésale.

1628 William Harvey, médecin anglais, décrit la façon dont le sang, pompé par le cœur, circule dans tout le corps.

1663 Marcello Malpighi, médecin italien, observe les vaisseaux capillaires.

1674 Antonie Van Leeuwenhoek, naturaliste hollandais, étudie au microscope les spermatozoïdes.

1691 Clopton Havers, médecin anglais, décrit la structure des os.

1796 La première vaccination – contre la variole – est pratiquée par un médecin anglais, Edward Jenner.

1811 Charles Bell, anatomiste anglais, démontre que les nerfs sont des faisceaux de neurones (cellules nerveuses).

1816 Invention du stéthoscope par un médecin français, René Laennec.

1846 William Morton, dentiste américain, utilise pour la première fois l'éther comme anesthésique.

1851 Invention de l'ophtalmoscope, appareil servant à regarder l'intérieur de l'œil, par un physicien allemand, Hermann Helmholtz.

1860 Louis Pasteur, médecin français, explique que les maladies infectieuses sont provoquées par des micro-organismes.

1865 Joseph Lister, médecin anglais, est le premier à utiliser un antiseptique pendant une opération afin de réduire les risques de mortalité entraînée par des infections.

1882 Identification de la bactérie provoquant la tuberculose par un médecin allemand, Robert Koch, qui lui donne son nom : le bacille de Koch.

1895 Découverte des rayons X par un médecin allemand, Wilhelm Roentgen.

1900 Un médecin américain d'origine autrichienne découvre les groupes sanguins A, B, AB et O, ouvrant la voie aux transfusions sanguines sans risques.

1903 Invention d'un appareil servant à contrôler l'activité du cœur, l'électrocardiographe, par Wilhelm Einthoven, physiologiste hollandais.

1906 Frederick Gowland, biochimiste anglais, démontre l'importance des vitamines dans les aliments.

1910 Paul Ehrlich, médecin allemand, découvre le premier médicament traitant la syphilis.

1921 Les Canadiens Frederick Banting et Charles Best isolent une hormone, l'insuline, permettant de traiter les diabétiques.

1928 Découverte de la pénicilline, le premier antibiotique, par le médecin anglais Alexander Fleming.

1933 Ernst Ruska, physicien allemand, invente le microscope électronique.

1943 Willem Kolff, médecin hollandais, invente l'appareil à dialyse servant à traiter les gens dont les reins fonctionnent mal.

1953 En partant des recherches de la physicienne anglaise Rosalind Franklin, le biologiste américain James Watson et le biochimiste anglais Francis Crick découvrent la structure de l'ADN.

1953 John Gibbon, chirurgien américain, utilise le premier le cœur-poumon artificiel qu'il a inventé pour pomper et oxygéner le sang pendant une opération.

1954 Première utilisation du vaccin contre la poliomyélite mis au point par un médecin américain, Jonas Salk.

1954 Première greffe du rein réussie à Boston, aux États-Unis.

1958 Première utilisation des ultrasons pour contrôler le développement du fœtus dans l'utérus de la mère, par le médecin anglais Ian Donald.

1967 Première transplantation cardiaque réalisée avec succès par le chirurgien sud-africain Christiaan Barnard.

1972 Première utilisation du scanner pour obtenir des images des organes.

1978 Naissance de Louise Brown, premier bébé « éprouvette » conçu par la méthode de la FIV (fécondation *in vitro*) mise au point par les médecins anglais Patrick Steptoe et Robert Edwards.

1979 La maladie de la variole est éradiquée par la vaccination.

1980 Lancement de la cœlioscopie, examen permettant d'observer l'intérieur du corps avec un endoscope introduit par une petite incision.

1981 Identification d'une nouvelle maladie, le sida (syndrome d'immunodéficience acquise).

1982 Implantation du premier cœur artificiel mis au point par un savant américain, Robert Jarvik.

1983 Le biologiste français Luc Montagnier découvre le virus VIH responsable du sida.

1986 Lancement du Projet génome humain destiné à analyser l'ADN des chromosomes humains.

1999 Le chromosome 22 est le premier chromosome humain dont l'ADN est « séquencé ».

2001 Grâce au Projet génome humain, on sait qu'une molécule d'ADN de l'espèce humaine contient 30 000 gènes.

ÉTONNANT CORPS HUMAIN

• Le clignement des yeux les tient fermés en tout 30 minutes par jour.

• Un os vivant est composé d'un tiers d'eau.

• La longueur du fémur (os de la cuisse) est égale au quart de notre taille.

• Le cœur bat 100 800 fois par jour.

• Le sang est toujours réparti ainsi : 75 % dans les veines, 20 % dans les artères et 5 % dans les capillaires.

• Il y a de 10 à 100 milliards de bactéries à la fois sur et à l'intérieur du corps.

• Même des jumeaux ne peuvent avoir des empreintes digitales identiques.

• Le réseau de voies aériennes des poumons mesure 2 400 km de long.

• Mis bout à bout, les nerfs d'une seule personne font plus de 150 000 km de long.

• Le cerveau d'un adulte pèse en moyenne 1,3 kg.

• Le cerveau perd environ chaque jour 1 000 cellules qui ne sont pas remplacées.

• Sur 100 000 cheveux, on en perd en moyenne 80 par jour.

• On utilise 200 muscles différents pour marcher.

• On mesure environ 1 cm de plus le matin que le soir car, pendant la journée, le cartilage de la colonne vertébrale se comprime.

• Les ovules produits par les ovaires sont les plus grosses cellules du corps humain.

• La tête représente le 1/4 de la taille d'un bébé, le 1/8e de celle d'un adulte.

LYMPHOCYTES T « KILLER » ATTAQUANT DES CELLULES CANCÉREUSES

BRANCHES DE LA MÉDECINE

Nom	Domaine concerné
Cardiologie	Cœur et artères
Dermatologie	Peau
Endocrinologie	Hormones
Épidémiologie	Causes et propagation des maladies
Gastro-entérologie	Estomac, intestins
Gériatrie	Personnes âgées
Gynécologie	Organes génitaux féminins
Hématologie	Sang
Immunologie	Système immunitaire
Neurologie	Cerveau et nerfs
Ophtalmologie	Yeux
Obstétrique	Grossesse et accouchement
Oncologie	Tumeurs cancéreuses
Orthopédie	Os, articulations et muscles
Pédiatrie	Enfants
Pathologie	Effets des maladies
Psychiatrie	Maladies mentales
Radiologie	Technique des images

GLOSSAIRE

ADN (acide désoxyribonucléique) substance chimique située dans les chromosomes, contenant les informations nécessaires pour construire et faire vivre une cellule

Abdomen section inférieure du tronc (partie centrale du corps) située entre la poitrine et les jambes

Absorption passage des aliments digérés de l'intestin grêle dans le sang

Acides aminés éléments de base des protéines animales et végétales. Dans l'espèce humaine, huit doivent être trouvés dans l'alimentation, les autres peuvent être fabriquées par l'organisme.

Adolescence période pendant laquelle le corps de l'enfant se transforme en corps d'adulte

Allergie maladie provoquée par une réaction exagérée du système immunitaire de défense du corps à une substance normalement inoffensive telle que le pollen

Alvéoles sacs d'air microscopiques par lesquels l'oxygène pénètre dans le sang, à l'intérieur des poumons

Amidon produit de la synthèse chlorophyllienne chez les plantes où il se trouve dans les graines et les tubercules. Est la principale source d'apport du glucose dans l'alimentation.

Angiographie radio spéciale montrant les vaisseaux sanguins

Anticorps substance sécrétée par le système immunitaire (de défense) repérant les microbes pour les détruire

Appareil groupe d'organes accomplissant une tâche spécifique

Articulation point de rencontre de deux ou plusieurs os du squelette

Capteur dispositif permettant de détecter un phénomène physique dans l'organisme

Cartilage matière résistante et élastique servant de structure à certaines parties du corps comme le nez, ou le larynx, et recouvrant la tête des os

Cellule minuscule unité vivante, base de la constitution du corps

Cerveau partie la plus importante de l'encéphale permettant aux gens de penser, de sentir, de bouger…

Chromosome l'un des 46 stocks d'informations contenu dans l'ADN de chaque cellule

Cil poil minuscule dépassant de certaines cellules

Collagène constituant essentiel du tissu conjonctif. Se présente sous forme de fibres permettant le maintien de la forme et de la structure des tissus (y compris osseux) et des organes.

Diaphragme muscle plat séparant la poitrine de l'abdomen, et jouant un rôle important dans la respiration

Digestion décomposition de la nourriture en substances nutritives simples assimilables par le corps

Échographie image de l'intérieur du corps obtenue par la réflexion d'ultrasons

Embryon première phase de développement de l'ovule, à partir de la fécondation jusqu'à 8 semaines

Enzyme substance chimique accélérant la décomposition des aliments pendant la digestion

Fécondation fusion d'un ovule et d'un spermatozoïde pendant la reproduction

Fœtus nom donné au bébé en formation, de la 8ᵉ semaine suivant la fécondation jusqu'à la naissance

Glande groupe de cellules libérant des substances chimiques dans ou sur le corps

Glucose premier élément énergétique du monde vivant. Principal combustible des réactions cellulaires et principal matériau de réserve d'énergie. Chez l'homme, la plus grande partie du glucose est apportée par les éléments végétaux (amidon) mais il peut aussi être fabriqué au niveau des cellules, surtout celles du foie.

Hépatique qui concerne le foie

Hormone messager chimique produit par une glande endocrine, et transporté par le sang

IRM (imagerie à résonance magnétique) procédé de production d'images de l'intérieur du corps

Kératine protéine dure, imperméable, entrant dans la composition des ongles, des cheveux et de la peau

Ligament lien résistant rattachant un os à l'articulation

Mélanine pigment brun colorant la peau et les cheveux

Microbes organismes microscopiques porteurs de maladies, comme les virus et les bactéries

Mitochondrie structure minuscule transformant les substances nutritives en énergie à l'intérieur des cellules

Mitose division d'une cellule en deux cellules identiques

Mucus liquide épais et gluant tapissant les appareils respiratoire et digestif

Muscle tissu capable de se contracter et de provoquer un mouvement

Néphron unité minuscule filtrant le sang et produisant l'urine à l'intérieur du rein

Neurone cellule nerveuse constituant le cerveau, la moelle épinière et les nerfs, et transportant des signaux électriques à grande vitesse

Noyau centre de contrôle de la cellule contenant les chromosomes

Oreillette l'une des deux chambres supérieures – droite et gauche – du cœur

Organe partie essentielle du corps, tel le cœur ou le cerveau, jouant un ou plusieurs rôles spécifiques

Pathogène qui apporte la maladie

Péristaltisme ondes de contractions musculaires poussant les aliments dans l'appareil digestif

Protéines composés organiques comportant des acides aminés seuls ou associés à d'autres constituants organiques. Ce sont les éléments de base de la vie par leur rôle dans la constitution, le fonctionnement, la reproduction de la cellule et ce sont les supports de l'information génétique.

Puberté période pendant laquelle l'appareil génital commence à entrer en activité

Radiographie photographie aux rayons X

Rayons X rayons invisibles utilisés pour obtenir une image des parties dures de l'intérieur du corps telles que les os

Réflexe action automatique telle que la déglutition, le clignement des yeux ou le retrait de la main d'une source de chaleur

Rénal qui concerne les reins

Respiration oxygénation du sang par absorption de l'air dans les poumons

Scanner procédé spécial de radiographie « découpant » le corps en tranches

Substance nutritive substance utile pour le corps

Sueur liquide salé sécrété par la peau pour rafraîchir le corps

Système groupe d'organes accomplissant une tâche spécifique

Tendon lien très solide rattachant le muscle à l'os

Thermographie enregistrement graphique de la chaleur des différentes parties du corps

Thorax section supérieure du tronc (partie centrale du corps) située entre le cou et l'abdomen

Tissu rassemblement de cellules semblables jouant un rôle spécifique

Urine déchet liquide produit à l'intérieur des reins

Vaisseau sanguin tube transportant le sang à travers le corps, les principaux étant les artères, les veines et les capillaires

Ventricule l'une des deux chambres inférieures – droite et gauche – du cœur

Viscère tout organe renfermé dans les cavités du corps (crâne, thorax, abdomen) et plus particulièrement ceux contenus dans la cavité abdominale

MACROPHAGE PIÉGEANT UN MICROBE

SITES INTERNET SUR LE CORPS HUMAIN

http://diffu-sciences.com/pages/med_acces/le_corps_humain.html
Très précis et régulièrement mis à jour, ce site Internet s'adresse autant aux professionnels de la santé qu'au grand public.

http://www.doctissimo.com/
Site d'information médicale pour tout savoir sur les maladies.

http://www.enfants-du-net.org
Sur ce site Internet, le cyberlabo est consacré aux sciences, avec des informations et des expériences très variées, dont certaines concernent le corps humain.

http ://www.medecine-et-sante.com/anatomie.html
Tout sur l'anatomie du corps humain : planches illustrées et explications détaillées. Comprend un lexique des termes médicaux.

http://www3.sympatico.ca/nanou1/corps
Nombreuses informations sur le fonctionnement du corps humain. Possibilité d'y poser des questions avec réponses assurées. Ce site Internet comprend en outre une bibliographie et un glossaire.

INDEX

Remerciements et crédits photographiques

Dorling Kindersley remercie pour leur collaboration : Joanna Pocock, Lynn Bresler, Gary Ombler, Diane Legrande, Mark Gleed, John Bell & Croyden et aussi Kitty, Jo, Lucy, Fran, Marcus, Robin.

Photographies additives :
Geoff Brightling, Geoff Dann, Philip Dowell, Jo Foord, Steve Gorton, Alistair Hughes, Dave King, Ray Moller, Susanna price, Dave Rudkin, Colin Salmon, Mike Saunders, Tony Nandi.

Crédits photographiques
h = haut ; b = bas ; c = centre ;
d = droite ; g = gauche

3B Scientific 54bg ; Art Directors & Trip, H. Rogers 39 cd ; **Corbis UK Ltd,** Olivier Prevosto 7hg ; **Denoyer-Geppert Int** 2bc, 18bg, 36bg ; **Educational and Scientific Products Limited** 8b ; **Gettyone Stone** 59hg ; Paul Dance 38hg, 4ᵉ couv. d ; Ron Boardman 18-19 ; Spike Walker 44cg, 4ᵉ couv. g ; **Robert Harding Picture Library** 19cd ; CNRI/Phototake NYC 1, 8-9 ; Michael Agliolo/Int'l Stock 44-45 ; Phototake 56hg ; R. Francis 27bd ; **Image Bank** 59hd ; **National Medical Slide Bank** 22c ; **Oxford Scientific**

Films, G.W. Willis 45cd ; **Royal College of Surgeons** 50-51 ; **Science Photo Library** 8c, 9cd, 29cd, 43hd ; Adam Hart-Davis 15bc ; Alfred Pasieka 5hd, 19hg, 42-43, 50cg, 53hd, 58-59, 61ch, 62-63 ; Andrew Syred 3ch, 3c, 3bd, 6cg, 7hd, 11c, 30-31 ; Astrid & Hanns-frieder Michler 15cdh, 25c, 54-55b ; Biophoto Associates 2hg, 10-11, 43bd, 49hc, 58b, 59bc, 59g ; Brad Nelson/ Custom Medical Stock Photo 52c ; BSIP 48bg ; BSIP VEM 27cb, 32bc, 40ch ; Catherine Pouedras 10bg ; CNRI 4cg, 4ᵉ couv. cg, 11bd, 36cg, 37bd, 42bc, 44bc, 52-53, 54bd ; D. Phillips 55bd ; Daudier, Jerrican 2-3, 16b ; David Parker 20hd, 20-21 ; David Scharf 7cd ; Department of Clinical Radiology, Salisbury District

Hospital 11hd, 29hd, 51cd, 52cg, 52cgb ; Don Fawcett 15cd, 19hd ; Dr Gary Settles 43bc ; Dr G. Moscoso 57hg ; Dr G. Oran Bredberg 22-23h ; Dr K.F.R. Schiller 48hc ; Dr P. Marazzi 47hg ; Dr Yorgas Nikas 56bg ; Eye of Science 17hg, 35h, 48bd ; GCa/CNRI 16hd ; Geoff Tompkinson 13ch ; GJLP 17c ; GJLP/CNRI 13bd ; J.C. Revy 27hd, 39hd, 62 ; James King-Homes 58hd ; John Bavosi 42cg ; Juergen Berger, Max-Planck Institute 38-39, 63 ; K.H. Kjeldsen 39bd ; Ken Edward 40b, 47b ; Manfred Kage 45cg ; Matt Meadows, Peter Arnold Inc 24bc ; Mehau Kulyk 13c, 18hg, 21hd, 40hd ; National Cancer Institute 4bg, 30-31 ; NIBSC 39cg ; Petit Format/Prof. E. Symonds 57hd ; Philippe Plailly 28cd,

29bc ; Prof. P.M. Motta, G. Macchiarelli, S.A. Nottola 54-55h, 61hd ; Prof. P. Motta/A. Caggiati/ University La Sapienza, Rome 22bd ; Prof. P. Motta/Dept of Anatomy/ University La Sapienza, Rome 5bd, 10cdh, 15hg, 21cd, 25hd, 25b, 36hd, 36-37, 40cd, 40cl, 51hd, 51b, 55hg, 55hd ; Professors P.M. Motta & S. Makabe 56cd ; Professors P.M. Motta & A. Caggiati 23bd ; Quest 5cd, 6-7b, 21cd, 26ch, 37hg, 47ch, 47cd, 49bg, 53bd ; Salisbury District Hospital 60-61b ; Scott Camazine 6hd, 26hg ; Secchi-Lecaque/Roussel-UCLAF 24cdb ; Simon Fraser 41, 5d, 1ᵉʳ couv. ; Stephen Gerard 8hg ; Wellcome Dept of Cognitive Neurology 17d.